Erna Droesbeke von Enge

Das Orakel der Mlle Lenormand

Erna Droesbeke von Enge

Das Orakel der Mlle Lenormand

Anleitungsbuch zur Interpretation

aus dem Niederländischen von
Hildegard Höhr und Theo Kierdorf
Aktualisierungen und Erweiterungen von
Richard Rudolf Renaud

KÖNIGSFURT-URANIA

Hinweis
Die Informationen in diesem Buch sind nicht dazu gedacht, einen Arzt oder Therapeuten zu ersetzen. Eine Haftung der Autorin bzw. des Verlags für Personen-, Sach- und Vermögensschäden ist ausgeschlossen.

Neueste, erweiterte und überarbeitete Auflage der Originalausgabe 2008
ISBN 978-3-03819-300-5 (Buch mit Karten im Set)
ISBN 978-3-03819-301-2 (Buch separat)

DE-24796 Krummwisch
www.königsfurt-urania.com

Titel der Originalausgabe »Kaartenleggen met Mlle. Lenormand«,
Parsifal Verlag, Antwerpen / Belgien, 1987

Illustrationen: Lenormand »Blaue Eule«, © AGM Urania
Umschlaggestaltung: Antje Betken
Layout & Satz: Antje & Hermann Betken
Druck: finidr, Tschechien
Produkt Manager: Silvie Bachmann

Inhalt

Einleitung

Über die Methode des Kartenlegens mit den Lenormandkarten war, bis ich hierüber 1987 ein Buch geschrieben hatte, nichts bekannt. Mlle Lenormand hat nie selbst Karten entworfen oder darüber etwas Schriftliches niedergelegt.

Die Lenormandkarten »Blaue Eule« und »Rote Eule« wurden aus dem Kartenspiel »Le Greand Jeu de Mlle Lenormand« entwickelt, einem französischen Kartenspiel aus dem 19. Jahrhundert. Zwar gab es bei der Ausgabe dieser Lenormandkarten eine kurze Abhandlung über die Karten, aber über die Legemethoden wurde nichts geschrieben.

Durch mein Studium der Symbolik der Spielkarten und durch meine Arbeit mit diesen Karten habe ich verschiedene Methoden entwickelt, um deren Botschaften deuten zu können. Während meiner Beratungen und Kurse entstanden im Laufe der Zeit noch andere Methoden der Kartenlegung, die eine deutliche Übersicht der Lage, in der sich der/die Fragesteller(in) befindet, geben. Diese Methoden sind in die Neuauflage meines Buches aufgenommen worden.

Ich wünsche Ihnen viel Erfolg beim Kartenlegen.

Erna Droesbeke von Enge

– Eins –

Wer war Mlle Lenormand?

Mlle Lenormand ist heute auf der ganzen Welt als Wahrsagerin bekannt und berühmt. Dies verdankt sie vor allem den nach ihr benannten Karten, die vermutlich nach ihren Anweisungen entworfen wurden. Wer war diese Hellseherin?

Mlle Lenormand wurde am 27. Mai 1772 in der französischen Stadt Alençon geboren und starb im Alter von 71 Jahren am 25. Juni 1843 in Paris. Ihr Vater war ein wohlhabender Tuchhändler, der seine Tochter in einem Klosterinternat erziehen ließ, wo sie bereits als Kind voraussagte, die Oberin des Klosters werde versetzt werden, was zum Erstaunen aller auch tatsächlich eintraf.

Nach dem Tode des Vaters zog die Familie völlig verarmt nach Paris. Dort wurde Mlle Lenormand in die Geheimnisse des Kartenlegens nach der alten französischen Tradition eingeweiht und eröffnete zusammen mit einer anderen Hellseherin einen »Salon«, in dem man sich mit Hilfe von Karten und anderen Methoden (beispielsweise der Astrologie) die Zukunft voraussagen lassen konnte.

Im Jahre 1793 statteten drei Männer Mlle Lenormand

einen Besuch ab, die später eine wichtige Rolle in der französischen Geschichte spielen sollten: Marat, St. Just und Robespierre. Allen dreien sagte sie einen gewaltsamen Tod voraus: Einer würde ein ruhmreiches Begräbnis erhalten, die beiden anderen würden vom Volk verhöhnt und verspottet werden. Die Geschichte hat ihr Recht gegeben!

Berühmt machte Mlle Lenormand vor allem, dass sie die französische Kaiserin, Josephine de Beauharnais, die Gemahlin von Napoleon Bonaparte, regelmäßig beriet.

Mlle Lenormand bewegte sich in den »besseren Kreisen« Frankreichs, die sich in den »Salons« trafen, und dort wurde sie auch Josephine de Beauharnais vorgestellt.

Sie sagte Josephine voraus, sie werde einst zusammen mit ihrem Mann, Napoleon, den französischen Thron besteigen. Als Napoleon davon erfuhr, brach er in lautes Gelächter aus. Doch auch in diesem Fall behielt Mlle Lenormand Recht. Ihr Ruf festigte sich.

Ihr Salon in der Rue de Tournon in Paris wurde von allen besucht, die von der »Sybille van de Faubourg Saint Germain« etwas über ihre Zukunft und ihr Schicksal erfahren wollten. Ihr Ruhm verbreitete sich auch rasch im Ausland.

Mlle Lenormand hat zu ihrer Zeit der Kunst des Kartenlegens zu neuem Ansehen verholfen. Heute ist diese Wahrsagerin nicht in erster Linie wegen ihrer Voraussagen bekannt, sondern wegen der nach ihr benannten Kartenspiele. Diese werden auf der ganzen Welt seit langem mit Erfolg verwendet.

– Zwei –

Wie man die Karten legt

Machen Sie sich von allen Gedanken und Gefühlen frei, die Sie beschäftigen und beeinflussen könnten. Nur wer innerlich ruhig ist, kann sich ein klares Bild von den Karten machen, die gedeutet werden sollen.

Achten Sie auf eine ruhige und angenehme Atmosphäre. Weihrauch oder ätherische Öle können diese fördern, und auch frische Blumen und eine weiße brennende Kerze können inspirierend wirken, da sie höhere Wesenheiten anziehen.

Konzentrieren Sie sich, während Sie die Karten gut mischen, auf die Frage, die Sie stellen wollen. Formulieren Sie die Frage immer so, dass die Antwort sich auf die Entwicklung der Situation bezieht. Die Karten geben stets ein Bild von der Situation wieder. Fragen Sie deshalb: »Wie wird sich dieses oder jenes entwickeln?« und niemals: »Wird dieses oder jenes geschehen?« Im letzteren Fall müsste die Antwort »ja« oder »nein« lauten, und für solche Fragen ist ein Pendel besser geeignet. Erst wenn Sie einige Erfahrung im Kartendeuten gewonnen haben, können Sie sich auch an solche Fragen heranwagen.

Auch »Wann«-Fragen sind sehr problematisch. Stellen Sie Ihre Fragen möglichst so, dass die Zeitbestimmung schon darin enthalten ist. Geben Sie am besten eine Jahreszeit an, da Jahreszeiten eine bestimmte Periode im Leben einer Person symbolisieren können. »Zeit«, so wie wir sie in unserer materiellen Welt kennen und handhaben, gibt es in der »Welt des Unsichtbaren« nicht. Wir Menschen haben die Zeit für die materielle Welt erfunden, um Ordnung in unser Leben zu bringen und leichter Verabredungen miteinander treffen zu können.

Wenn Sie beim Mischen der Karten die Frage gestellt haben, dann legen Sie die Karten nach einer von Ihnen gewählten Methode aus. Sie sollten sich unbedingt vorher auf eine Methode festlegen, um nicht in Verwirrung zu geraten. Nachdem Sie die Karten ausgelegt haben, schauen Sie zuerst nach, wo Ihre Personenkarte liegt und ob »gefährliche« Karten wie die Karte Nr. 6 (Wolken) in der Nähe liegen. Beginnen Sie bei diesen Karten mit der Deutung. Selbstverständlich müssen Sie die Symbolik jeder einzelnen Karte gründlich studiert haben, bevor Sie die Karten sinnvoll deuten können.

Sehr wichtig ist auch die Beziehung zwischen den einzelnen Karten. Genau das macht die Kunst einer Hellseherin oder Kartendeuterin aus: Sie muss Zusammenhänge sehen und herstellen, bis sie ein vollständiges und klares Bild von der Situation entwickelt hat. Die Karten können die Zukunft nicht voraussagen – das ist Ihre Aufgabe! Die Karten sind nur das Medium. Sie fördern das, was Sie intuitiv sehen, zutage, so wie ein Maler mit Pinsel und Farbe das auf die Leinwand bringt, was er innerlich vor sich hat.

In diesem Buch werden verschiedene Schemata zum Auslegen der Karten besprochen. Entscheiden Sie sich für eines, das Ihnen am meisten zusagt.

Und jetzt: An die Arbeit!

– Drei –

Die Befragung

Es stimmt nicht, dass man die Karten nicht für sich selbst auslegen kann. Man kann es ..., nur muss man dabei sich selbst gegenüber absolut objektiv und ehrlich sein.

Wenn Sie sich allerdings täglich selbst die Karten legen, werden Sie wegen der vielen Ratschläge, die Sie erhalten, den Wald vor lauter Bäumen nicht mehr sehen. Sie werden außerdem vermutlich immer wieder die gleichen Karten aufdecken, sodass Ihnen mit der Zeit klar wird, dass Sie sich selbst zum Narren halten. Die Antwort liegt vor Ihnen, aber Sie wollen das, was Sie sehen, einfach nicht akzeptieren.

Ich empfehle Ihnen deshalb, sich selbst höchstens einmal wöchentlich die Karten zu legen und die Kartenfolge, die Sie wählen, jeweils in einem speziell hierfür vorgesehenen Buch zu notieren. Wenn Sie Ihre Kartenlesungen genau protokollieren und datieren, können Sie später überprüfen, ob das, was Sie vorausgesagt haben, wirklich eingetroffen ist. Auch werden Sie auf diese Weise den roten Faden in der Folge der Ereignisse klarer erkennen, sodass Sie mit den Situationen, die auf Sie zukommen, besser umgehen können.

Versuchen Sie zu erkennen, wer Sie sind. Üben Sie sich in

der Selbsterkenntnis. Hegen Sie weder sich selbst noch anderen gegenüber Vorurteile.

Um die Zukunft voraussagen zu können, müssen Sie sich zunächst ein klares Bild von der Gegenwart machen. Wer sind Sie? Was wollen Sie? Welche Einstellung zum Leben haben Sie? Und so weiter. Wenn Sie etwas über das Morgen wissen wollen, müssen Sie das Heute kennen, das Jetzt. Selbst(er)kenntnis ist deshalb äußerst wichtig und sollte im Leben eines jeden Menschen eine zentrale Rolle spielen.

Selbsterkenntnis hilft uns, andere zu erkennen. Indem Sie heute wissen, wer Sie sind, werden Sie erfahren, wer Sie morgen sein werden. Die Zukunft wird vom Heute bestimmt. Doch das Heute ist auch eine Erinnerung an gestern, an die Vergangenheit.

Erst wenn Sie sich reif und erwachsen fühlen und genügend Verantwortungsgefühl entwickelt haben, sollten Sie anfangen, für andere die Karten zu deuten. Erst dann können Sie anderen helfen, und die Karten werden für Sie zu einem Spiegel.

Unterscheidungsvermögen, Einfühlung und Verständnis für die Situation – dies sind die wichtigsten Voraussetzungen für das Kartendeuten.

Sie müssen behutsam und objektiv vorgehen. Wenn jemand Sie um Rat bittet, so ist es sowohl für Sie als auch für die/den Ratsuchenden wichtig, wie Sie die Antwort geben. Der Ratsuchende gibt sozusagen seine Verantwortung an Sie ab, und Sie dürfen dieses Vertrauen nicht enttäuschen.

Eine verständnisvolle Haltung ist deshalb äußerst wichtig. Verletzende Bemerkungen sollten sie unter allen Umständen vermeiden.

Empfangen Sie Ratsuchende in einer ruhigen Umgebung.

Zunächst müssen Sie ein paar einfache Fragen stellen wie: »Sind Sie verheiratet?«, »Leben Sie in einer festen Beziehung?« oder »Haben Sie Kinder?« Viel mehr sollten Sie nicht fragen, denn das könnte Ihre Glaubwürdigkeit untergraben.

Bitten Sie die/den Ratsuchende/n anschließend, die Karten zu mischen und sich gleichzeitig auf die Frage zu konzentrieren. Ohne die Konzentration auf eine konkrete Frage können Sie ihm/ihr nämlich nur ein sehr allgemeines Bild über sein/ihr Leben vermitteln.

Sind die Karten gemischt, so muss noch abgehoben werden (die Karten werden geteilt, und das obere Päckchen wird zuunterst gelegt). Dann können Sie die Karten nach einer vorher bestimmten Methode auslegen. Wählen Sie ein Schema, das möglichst gut zu der gestellten Frage passt.

Lassen Sie sich nicht von den Erwartungen des Fragestellers mitreißen. Er hat sein Karma (das Gesetz von Ursache und Wirkung). Sie können ihm nur helfen, bestimmte Angelegenheiten in seinem Leben offen zu legen und Einsicht in die eigenen Möglichkeiten zu erhalten.

Wenn Sie in den Karten eine konkrete Anweisung finden, welchen Weg der/die Ratsuchende einschlagen soll, dann müssen Sie sehr vorsichtig bei der Formulierung der Aussage sein. Sehr viel hängt davon ab, und es ist auch eine gewisse Verantwortung damit verbunden. Machen Sie nur dann ganz konkrete Aussagen, wenn Sie sich absolut sicher sind, dass es im Hier und Jetzt, dem Ausgangspunkt für die Zukunft, nur diese eine, richtige Lösung gibt. Trotzdem kann natürlich nur der Betroffene selbst Entscheidungen treffen, die seine Zukunft verändern könnten. Nur er selbst, niemand anders, bestimmt sein Schicksal! Sie können bestimmte Dinge und Möglichkeiten anbieten, aber er selbst muss entscheiden. Hüten Sie sich, jemanden, der Probleme in der Ehe hat, zu einer Scheidung zu überreden. Versuchen Sie vielmehr herauszufinden, wo das Problem liegt, und zeigen Sie Lösungsmöglichkeiten auf.

Wenn sich die Karte Nr. 8 (Sarg) unter den gewählten Karten befindet, dann sagen Sie nicht gleich den Tod voraus! Diese Karte kann auch das Ende einer Situation anzeigen, sie braucht keineswegs den physischen Tod des Ratsuchenden anzukündigen. Hier spielt die Intuition der Kartenlegerin eine wichtige Rolle. »Erklären« Sie bei einer Beratung das Leben des Fragestellers in Gegenwart, Vergangenheit und Zukunft, und geben Sie schließlich auch Antwort auf bestimmte Lebensfragen.

Jeder kann die Karten deuten, doch ist natürlich der eine begabter als der andere. Aber schließlich hat ja auch jeder Mensch in seinem Leben ein unterschiedliches Maß an Lebenserfahrung und Weisheit erworben. Dies sollten Sie bedenken, wenn Sie anderen Menschen die Karten legen!

Wenn Sie negative Dinge zur Sprache bringen, dann versuchen Sie auch immer, eine positive Antwort zu finden oder eine Lösung zu suchen. Stoßen Sie den Fragesteller nicht in ein Meer der Verzweiflung, sondern spornen Sie ihn an, herauszufinden, wie er der Situation eine positive Wendung geben könnte.

Positives Denken, Glauben und Vertrauen können Berge versetzen. Und ... Gott ist auch noch da.

– Vier –

Kurze Interpretation der Schlüsselbegriffe

Karte 1: Der Reiter – Herz-Neun

Nachrichten, Besuch, Postbote, Telegramm, Telefon, Handy, Energie, Willenskraft, Seelenleben, Triebleben, ein Pferd, Auto, Motorrad, Moped

Karte 2: Das Kleeblatt – Karo-Sechs

Hoffnung, Überraschung, Aufmerksamkeit, »Stilles Glück«, Intimität, Trost

Karte 3: Das Schiff – Pik-Zehn

Reise übers Wasser, Meer, Reise im Geiste, Durchsetzungsvermögen, Handel, Erbschaft, Schiff, Arbeit am/auf dem Wasser

Karte 4: Das Haus – Herz-König

Haus, Häuslichkeit, Familienumstände, Verantwortung

Karte 5: Der Baum – Herz-Sieben

Gesundheit, Wachstum, Wohlstand, Wohnen auf dem Lande, Wohnen inmitten von Bäumen oder im Wald

Karte 6: Die Wolken – Kreuz-König
Hindernisse, Widerstand, große Sorgen,
Depressionen untergraben das Nervensystem,
Winter, schlechtes Wetter

Karte 7: Die Schlange – Kreuz-Dame
Verrat, Eifersucht, Verführung, eine Schlange

Karte 8: Der Sarg – Karo-Neun
Ende einer Situation in Ihrem Leben, Transformation,
Zusammenbruch eines Unternehmens, Pleite, Loslassen,
Untergang, schwere Krankheit, erzwungene Ruhe,
eine Schachtel

Karte 9: Der Blumenstrauß – Pik-Dame
Zufriedenheit, Geschenk, Blumenstrauß, Freude,
ein teures Andenken, Großmutter;
in bestimmte Fällen vertritt diese Karte einen inneren
Begleiter oder verstorbene Eltern (Großmutter), die einen
Kontakt mit Ihnen sucht

Karte 10: Die Sense – Karo-Bube
Bruch, Unfall, Operation, Schwerarbeit, Verteidigung;
auf Messer oder andere Werkzeuge achten

Karte 11: Die Rute – Kreuz-Bube
Zwist, Widerstand, Bußgeld, Strafe,
Entmutigung, Ärger, kleine Sorgen,
Allergien oder chronische Krankheiten

Karte 12: DieVögel – Karo-Sieben

Gedanken, Gewissen, Inspiration,
Kommunikation, Telefon, Handy,
Geheimnisse der Nacht

Karte 13: Das Kind – Pik-Bube

Vertrauen, ein Kind, ein Student, Unschuld,
Schutz eines Unternehmens,
Erfüllung eines Herzenswunsches

Karte 14: Der Fuchs – Kreuz-Neun

Betrug, Schmarotzer, Arglist,
auf der Hut sein im engsten Kreis, ein Fuchs

Karte 15: Der Bär – Kreuz-Zehn

Kraft, Mutterfigur, Schutz, ein Teddybär, Kuscheltier,
Neid

Karte 16: Der Stern – Herz-Sechs

Gelingen, Vertrauen, Erfolg, Ruhm, Geburt, Nacht,
Astrologie

Karte 17: Der Storch – Herz-Dame

Veränderung, Geburt, Ankündigung einer Geburt, Umzug,
Eigenheim, Haushalt, Familie, Flugzeug, Flugreise, Frühling

Karte 18: Der Hund – Herz-Zehn

Freundschaft, Treue und Schutz, Wachsamkeit,
ein Hund

Karte 19: Der Turm – Pik-Sechs
Lebensweg, Ambitionen, Alter, Ansehen, Einsamkeit, ein großes Gebäude, Hochhaus, ein Verwaltungsgebäude, Herbst

Karte 20: Der Garten – Pik-Acht
Kreativität, Kunst, Traumwelt, Pause, Ruhe, Entspannung, Urlaub, schöne Umgebung, Freundeskreis, Gartenarbeit, Blumen und Pflanzen

Karte 21: Der Berg – Kreuz-Acht
Feindschaft, Probleme, Hürden, Berge, Bergsteigen, Wohnen im Gebirge

Karte 22: Der Weg – Karo-Dame
Die Wahl, die Kreuzung, neue Möglichkeiten, Unterwegssein, Reisen über Land

Karte 23: Die Mäuse – Kreuz-Sieben
Diebstahl, Verlust, Untergrabung, Verlust von Energie, Mäuse im Haus

Karte 24: Das Herz – Herz-Bube
Liebe, Romantik, Freude, das physische Herz

Karte 25: Der Ring – Kreuz-Ass
Ehe, Beziehung, Vertrag, Übereinstimmung, Eintracht, ein Schmuckstück

Karte 26: Das Buch – Karo-Zehn
Geheimnis, Studium, diskrete Angelegenheiten und Besprechungen über Geld, das Bankwesen, offizielle Dokumente, Bücher

Karte 27: Der Brief – Pik-Sieben
Nachrichten, ein Schreiben, Dokumente, Papier, E-mail, Fax, SMS vom Handy, zeichnen, schreiben, verwalten, Neuanfang

Karte 28: Der Herr – Herz-Ass
Der Fragesteller. Der Partner oder Freund der Fragestellerin, die Karriere des männlichen Partners

Karte 29: Die Dame – Pik-Ass
Die Fragestellerin. Die Partnerin oder Freundin des Fragestellers, Liebesangelegenheiten.

Karte 30: Die Lilien – Pik-König
Unterstüzung und Glück, Promotion, Gerechtigkeit, der Vater, Autorität, Arzt, Richter, Notar, Arbeitgeber; in bestimmten Fälle der Geistige Führer, oder verstorbene Eltern (Großvater), der mit uns in Kontakt treten möchte

Karte 31: Die Sonne – Karo-Ass
Optimismus, Bewusstsein, Fähigkeiten, wichtiger Vertragsabschluss, größere Geldsumme, Ruhm, Ehre, Intuition, väterliche Autorität, Sonntag, Sonnenbäder, Hitze, Sommer, Sonne

Karte 32: Der Mond – Herz-Acht

Position in der Gesellschaft, das Unbewusste, mütterliche Sorge, weibliche Bekannte, Kollegen, Freundinnen, Romantik, Talent, Inspiration. Ereignisse am Abend, der Mond

Karte 33: Der Schlüssel – Karo-Acht

Neuanfang, neue Möglichkeiten, neue Türen öffnen sich, Sie erfahren etwas, Entdeckung, Lösung, Erfolg in bestimmten Unternehmungen, kleine Gegenstände aus Metall, Schlüssel

Karte 34: Die Fische – Karo-König

Überfluss, Vermehrung irdischer Güter, großer Reichtum durch Geschäfte und Erbschaften, Bankangelegenheiten, Ausland, Spiritualität, spirituelle Führer, das Meer, Ereignisse oder Arbeiten am Wasser, angeln

Karte 35: Der Anker – Pik-Neun

Stabilität, Heimat, Geborgenheit, Sicherheit, Gleichgewicht, Rettung, Handelsgeschäft, Wohnen am Wasser

Karte 36: Das Kreuz – Kreuz-Sechs

Leid, Ende einer Periode im Leben, Läuterung, der Glaube, Spiritualität, Gebet, Meditation

– Fünf –

Traditionelle Bedeutung und modernes Orakel der 36 Karten von Mlle Lenormand

1 Der Reiter

Nachrichten

Herz-Neun

Traditionelle Bedeutung

Nachrichten aus dem Ausland oder aus entlegenen Gebieten sind zu erwarten, möglicherweise von einem Fremden. Diese Karte hat eine positive Bedeutung: günstige Aussichten.

Ist der Reiter von Karten mit negativer Bedeutung umgeben, so wird man in eine unangenehme Situation geraten.

Modernes Orakel

Nachrichten sind unterwegs. Jemand will Sie telefonisch oder brieflich erreichen oder ist schon mit dem Zug oder Auto auf dem Weg zu Ihnen. Die Nachrichten, um die es hier geht, haben einen langen Weg zurückgelegt.

Bei einem Mann stehen diese Nachrichten mit neu begonnenen Geschäften oder Unternehmungen in Zusammenhang.

Einer Frau wird eine Nachricht über Privatangelegenheiten übermittelt werden.

Liegt der Reiter weit von der Personenkarte entfernt, so kommt die Nachricht aus dem Ausland.

Liegt er in der Nähe der Personenkarte, so wird die Mitteilung in der näheren Umgebung oder in der Wohnung eintreffen, beispielsweise durch ein Telegramm oder eine Eilsendung, die ein Postbote bringt.

Achten Sie darauf, in welche Richtung der Reiter schaut: Ist sein Blick auf die Zukunft gerichtet, so werden Sie in der Zukunft eine wichtige Nachricht erhalten. Schaut er in die Vergangenheit, so ist die Nachricht entweder schon lange unterwegs oder sie bezieht sich auf Ihre Vergangenheit. Liegt der Reiter über oder unter Ihrer Personenkarte, so kündigt er Nachrichten in der Gegenwart an.

Die benachbarten Karten sind ausschlaggebend dafür, ob die Nachrichten positiv oder negativ sein werden.

2 *Der Klee*

Hoffnung

Karo-Sechs

Traditionelle Bedeutung

Der Klee bringt Glück und Vermögen. Wenn er neben der Personenkarte liegt, werden die derzeitigen Sorgen und Fehlschläge bald vergessen sein.

Liegen in der Nähe die Karte Nr. 6 (Wolken), eine oder mehrere andere Karten mit ungünstiger Bedeutung, so ist mit großen Unannehmlichkeiten zu rechnen; man wird in eine unglückliche Lage geraten.

Liegt der Klee weit von der Personenkarte entfernt, so ist mit Infragestellung und Unglück zu rechnen.

Modernes Orakel

Der Klee bringt Hoffnung auf Glück.

Liegt er in der Nähe der Personenkarte, so werden stiller Kummer und Mutlosigkeit verschwinden, und Trost und Glück an deren Stelle treten. Liegt er weit von der

Personenkarte entfernt, so muss damit gerechnet werden, dass bestimmte Kräfte dem vorausgesagten Glück entgegenwirken und dass es zu Verzögerungen kommen wird. Wenn Sie feststellen wollen, aus welcher Richtung das Glück kommen wird, so schauen Sie sich die benachbarten Karten an.

Liegt der Klee in der Nähe der Wolken (Nr. 6) oder einer anderen ungünstigen Karte, dann müssen Sie mit einer großen Enttäuschung und mit großem Kummer rechnen.

Liegt er weit von den Wolken entfernt, so ist großes Glück zu erwarten.

Liegt der Klee in der Zukunft, der Vergangenheit oder in der Gegenwart? Auch die Richtung, in die er weist, ist wichtig! Liegt er beispielsweise in der Vergangenheit, so müssen Sie nachschauen, wo die Wolken liegen und ob eine benachbarte Karte den Klee ungünstig beeinflusst. Liegen die Wolken in der Nähe des Klees in der Vergangenheit, dann haben Sie große Enttäuschungen und viel Kummer erlebt.

3 Das Schiff

Reisen

Pik-Zehn

Traditionelles Bedeutung

Das Schiff kündigt an, dass sich eine gute Gelegenheit bieten wird. Das Glück kann auf neuen Wegen gefunden werden, und Geschäfte und Unternehmungen werden sich erfolgreich entwickeln.

Wenn das Schiff in der Nähe der Personenkarte liegt, weist es auf eine bevorstehende Reise mit denkwürdigen Ereignissen hin.

Modernes Orakel

Das Schiff kündigt eine bevorstehende weite Reise an, vor allem, wenn diese Karte in der Nähe der Personenkarte liegt.

An dieser Reise brauchen Sie allerdings nicht unbedingt persönlich beteiligt zu sein: Es könnten auch Waren aus dem Ausland zu Ihnen unterwegs sein, vor allem, wenn Sie beruflich im Bereich des Handels tätig sind.

Handelsbeziehungen mit dem Ausland werden Ihnen finanzielle Vorteile bringen!

Auch ein stetig wachsendes Bankguthaben durch gute Geldanlage oder infolge einer Erbschaft ist zu erwarten.

Das Schiff ist von alters her das Symbol der Bewegung über Wasser: Waren, die über das Meer befördert werden, aber auch Erbschaften können damit in Zusammenhang stehen, da das Schiff räumliche und zeitliche Entfernung symbolisiert.

Wenn der Sarg (Nr. 8) neben dem Schiff liegt, weist dies auf eine Erbschaft oder auf einen Unfall auf Reisen hin, der zum Tode führen kann. Natürlich sollte man sich vor derart schwerwiegenden Aussagen die benachbarten Karten zunächst gründlich anschauen! Nachbarkarten mit günstiger Bedeutung beeinflussen die Situation positiv. Anhand der Karten, die das Schiff umgeben, können Sie auch etwas über den Verlauf der Reise sowie über deren Folgen für den weiteren Verlauf des Lebens aussagen.

Vor allem für Geschäftsleute, die Kontakt mit dem Ausland haben, ist diese Karte wichtig.

4 Das Haus

Der heimische Herd

Herz-König

Traditionelle Bedeutung

Das Haus kündigt fruchtbare Unternehmungen an, die zu einem erfolgreichen Abschluss gelangen werden. Auch wenn die derzeitigen Lebensumstände des Fragestellers oder der Fragestellerin ungünstig erscheinen mögen, werden sich in naher Zukunft vielversprechende Möglichkeiten ergeben.

Liegt diese Karte in der Mitte des Deutungsschemas und unter der Personenkarte, so muss man Vorsicht in Bezug auf seine Umgebung und Nachbarn walten lassen.

Modernes Orakel

Diese Karte symbolisiert das eigene Heim: das alltägliche Auf und Ab, die häuslichen Unternehmungen und die Menschen, mit denen man zusammenlebt.

Diese Karte repräsentiert Zufriedenheit, Sicherheit und Schutz, das »eigene Nest«.

Achten Sie darauf, welche Karten das Haus umgeben und welche Einflüsse darauf einwirken.

Traditionell zeigt das Haus Glück und Erfolg bezüglich der Dinge an, die man mit eigenen Händen und mit eigener Kraft geschaffen hat.

Liegt die Karte zentral, dann ist Vorsicht geboten: Nehmen Sie sich in Acht vor Menschen Ihrer Umgebung, zum Beispiel den Nachbarn.

Liegt das Haus in der Vergangenheit, so haben Ihre Eltern oder Ihr Elternhaus großen Einfluss auf Ihr Leben gehabt.

Liegt die Karte in der Zukunft, dann werden Sie ein Haus erwerben, das in Ihrem Leben eine große Rolle spielen wird.

Im Allgemeinen hat das Haus einen günstigen Einfluss auf die umliegenden Karten. Sie können mit Chancen rechnen, die Sie dann auch ergreifen sollten!

5 Der Baum

Gesundheit

Herz-Sieben

Traditionelle Bedeutung

Der Baum symbolisiert gute Gesundheit.

Wenn diese Karte in der Nähe der Personenkarte liegt, sollte man auf die Gesundheit achten.

Liegt der Baum weit von der Personenkarte entfernt, so prophezeit er gute Gesundheit und allgemein günstige Aussichten.

Modernes Orakel

Der Baum symbolisiert Ihre Lebenskraft: Energie, Gesundheit und Lebenslust.

Die Karte repräsentiert außerdem Energie und Reife, Vitalität und Lebenskraft, Eigenschaften, mit denen Sie viele Menschen anziehen werden.

Über oder unter der Personenkarte liegend weist der Baum darauf hin, dass Sie auf Ihre Gesundheit achten müssen.

Ruhen Sie sich hin und wieder aus und vermeiden Sie erschöpfende Tätigkeiten, die Ihre Gesundheit schädigen.

Liegt der Sarg (Nr. 8) neben dem Baum, dann müssen Sie bei der Interpretation sehr vorsichtig sein: Eine Krankheit kann eine Menge Unannehmlichkeiten mit sich bringen. Suchen Sie sofort einen Arzt auf und lassen Sie sich untersuchen. Betrachten Sie dies als eine Zeit der körperlichen Reinigung und gönnen Sie sich mehr Ruhe!

Liegt die Karte unter der Personenkarte, so sagt sie voraus, dass Sie zwar auf Ihre Gesundheit achten müssen, dass ernste Konsequenzen für Ihr weiteres Leben jedoch nicht zu befürchten sind.

Liegt der Baum weit von der Personenkarte entfernt, dann haben Sie nichts zu befürchten: Sie sind bärenstark!

Dennoch müssen Sie diese Karte bei der Deutung im Auge behalten und sehr vorsichtig bei der Interpretation sein: Schauen Sie sich die benachbarten Karten genau an!

6 Die Wolken

Hindernisse, Schwierigkeiten

Kreuz-König

Traditionelle Bedeutung

Die Wolken kündigen Unannehmlichkeiten an.

Wenn die dunkle Seite dieser Karte der Personenkarte zugewandt ist, sind die Aussichten düster. Eine unangenehme Situation ist nicht zu vermeiden.

Liegt die helle Seite der Wolken neben der Personenkarte, so besteht die Möglichkeit, dass sich doch noch alles zum Guten wenden wird.

Modernes Orakel

Die Wolken symbolisieren Hindernisse, die sich Ihnen im Laufe Ihres Lebens in den Weg stellen.

Bei dieser Karte muss man besonders darauf achten, wo die helle und die dunkle Seite liegt. Grenzt die dunkle Seite an die Personenkarte, so wird der/die Fragesteller/in in nächster Zeit ein Hindernis überwinden müssen, was mit großen Schwierigkeiten und viel Kummer einhergehen wird.

Liegt die Personenkarte neben der hellen Seite der Wolken, so ist nichts zu befürchten. Die Wolken kündigen in diesem Fall sogar Glück an.

Dennoch sollte man sich immer genau anschauen, welche Karten die Wolken umgeben, denn diese geben näheren Aufschluss über unerwartete Schwierigkeiten, die sich uns plötz-lich in den Weg stellen werden.

Meist üben die Wolken einen negativen Einfluss auf die umliegenden Karten aus, und wir müssen darauf achten, in welche Richtung sie weisen.

Liegen die Wolken weit von der Personenkarte oder von anderen das persönliche Glück betreffende Karten entfernt, dann brauchen wir keine Angst vor zukünftigen Schwierigkeiten zu haben, die unser Glück bedrohen könnten.

Liegen die Wolken in der Gegenwart oder Zukunft, dann müssen wir vorsichtig sein und nachschauen, welche Karten unmittelbar unter ihrem Einfluss stehen.

7 Die Schlange

Verrat

Kreuz-Dame

Traditionelle Bedeutung

Die Schlange bringt Unglück.

Ein verräterischer und heuchlerischer Mensch versucht insgeheim, Ihnen Schaden zuzufügen.

Diese Karte symbolisiert Verrat, Eifersucht und Betrug.

Modernes Orakel

Die Schlange prophezeit Verrat und Neid von Seiten so genannter Freunde.

Liegt diese Karte in der Nähe der Personenkarte, dann muss der/die Ratsuchende auf der Hut sein und versuchen, anhand der umliegenden Karten herauszufinden, aus welcher Richtung die Gefahr droht.

Die Schlange symbolisiert einen eifersüchtigen und heuchlerischen Charakter, der mit schönen Worten Eindruck zu machen und den/die Fragesteller/in zum Narren zu halten versucht.

Hüten Sie sich vor verborgenen Feinden und prahlen Sie nicht mit Ihrem eigenen Glück, denn das erzeugt Neid.

Selbst wenn die Schlange weit von der Personenkarte entfernt liegt, muss man vorsichtig sein und darf sie keinesfalls ignorieren!

Je näher diese Karte bei der Personenkarte liegt, umso bedrohlicher ist der prophezeite Betrug.

Seien Sie deshalb vorsichtig mit dem, was Sie zu bestimmten Menschen sagen, und vertrauen Sie nicht jedem!

8 Der Sarg

Das Ende

Karo-Neun

Traditionelle Bedeutung

Der Sarg warnt vor einer schweren Krankheit, dem Verlust einer großen Geldsumme und vor großen Problemen. Eine Zeit der Depression und Mutlosigkeit steht bevor.

Je näher der Sarg bei der Personenkarte liegt, umso bedrohlicher und düsterer wird die Lage sein. Selbst wenn die Karte nicht ganz so nahe bei der Personenkarte liegt, muss man sich genau anschauen, welche Karten den Sarg umgeben, denn diese geben Aufschluss darüber, was zu Ende gehen wird.

Modernes Orakel

Der Sarg stellt eine unheilvolle und Kummer bringende Situation dar. Diese Karte symbolisiert das Ende oder den Untergang all dessen, was wir aufgebaut haben: unseres Körpers, unserer Beziehung zu einem Partner, unserer beruflichen Stellung, die wir so sehr angestrebt hatten ...

Wir müssen nun erleben, dass unsere Erwartungen und Bestrebungen nicht in Erfüllung gehen.

Der Sarg kündigt Probleme an, durch die »etwas« oder »jemand« in Ihnen abstirbt. Das kann sich auf Ihre Gesundheit beziehen – wobei eine ernste Krankheit Ihre gesamte physische Existenz bedroht, sodass Sie mehr tot als lebendig sind –, auf eine Liebesbeziehung, die abgebrochen wird, oder auf eine Ehe, die mit einer Scheidung endet, auf völligen finanziellen Ruin, auf den Verlust einer Anstellung, auf völlige psychische Verwirrung, Erschöpfung und Mutlosigkeit, weil Sie Schwierigkeiten, in denen Sie sich befinden, nicht mehr bewältigen können. Auch ein Todesfall kann die Ursache für eine sehr deprimierende Situation sein.

Liegt der Sarg neben der Personenkarte, gleich, ob über, unter, links oder rechts von ihr, dann müssen wir diese Karte sorgfältig auf ihre Botschaft hin untersuchen: Eine bedenkliche Situation verursacht große Probleme in Ihrem Leben. Deshalb müssen wir auch nachschauen, welche Karten in der Nähe liegen, um aus der Beziehung zwischen dem Sarg und den umliegenden Karten zu erfahren, aus welcher Richtung das Unglück droht.

Liegt die Karte weit von der Personenkarte entfernt, dann müssen wir dennoch vorsichtig sein und nachschauen, welche Karten sie umgeben. Sagen Sie niemals leichtfertig jemandem den Tod voraus: Darüber entscheidet letztendlich nur Gott.

9 *Der Blumenstrauß*

Zufriedenheit

Pik-Dame

Traditionelle Bedeutung

Der Blumenstrauß symbolisiert von alters her Glück und Geschenke. Das alltägliche Leben wird nach Wunsch verlaufen. Sie werden zufrieden und glücklich sein.

Vor allem Frauen übermittelt diese Karte eine Glück bringende Botschaft im Hinblick auf Freundschaft und Liebe.

Modernes Orakel

Der Blumenstrauß prophezeit Glück und Zufriedenheit: Sie werden mit Liebe, Freundschaft und Treue überhäuft werden.

Im Alltag wird man Ihnen viel Zuneigung entgegenbringen, und das Glück wird auf Ihrer Seite sein. Auch kündigt diese Karte an, dass Sie ein Geschenk empfangen werden, über das Sie sich sehr freuen.

Liegt diese Karte in der Nähe der Personenkarte, so stehen Ihnen glückliche Zeiten bevor: Man wird Sie großzügig beschenken. Doch müssen wir nach der geistigen Botschaft der Karte suchen: Es muss sich nicht unbedingt immer um materielle Geschenke handeln – Liebe und Freundschaft sind die schönsten Geschenke auf Erden! Seien Sie sich Ihres Glückes bewusst und seien Sie dankbar!

10 Die Sense

Ein Bruch

Karo-Bube

Traditionelle Bedeutung

Die Sense kündigt große Gefahr für den Fragesteller an.

Aus welcher Richtung die Gefahr droht, können Sie den umliegenden Karten entnehmen. Die Sense legt Ihnen dringend nahe, bestimmte Dinge im Auge zu behalten. Seien Sie wachsam!

Modernes Orakel

Die Sense kündigt Gefahr an: Plötzlich werden Sie Ihren Lebenspartner oder Ihre berufliche Stellung verlieren oder Ihre vertraute Umgebung verlassen müssen.

Nehmen Sie sich vor Unfällen in Acht, vor Verkehrsunfällen, Sportverletzungen und ganz einfach vor Unfällen aus Leichtsinn.

Vor allem ist diese Karte jedoch ein Signal für drohende Gefahr. Vorsicht ist das Gebot der Stunde.

Schauen Sie sich die Karten an, die die Sense umgeben; diese werden Ihnen zeigen, aus welcher Richtung die Gefahr droht!

11 *Die Rute*

Streit, Kampf

Kreuz-Bube

Traditionelle Bedeutung

Die Rute symbolisiert eine Heimsuchung. Diese Karte prophezeit einen schweren Konflikt und Disharmonie in der Familie. Zank und Streit mit Freunden, Partnern und Familienmitgliedern stehen bevor. In der Nähe der Personenkarte liegend ist die Rute ein Vorzeichen für eine unglückliche Liebschaft oder für eine zum Scheitern verurteilte Ehe.

Die Karte warnt außerdem vor einer langen, schleichenden Krankheit und vor Fieberanfällen.

Modernes Orakel

Die Rute prophezeit Streit und Zwietracht zu Hause. Ein Konflikt erschüttert den häuslichen Frieden und die gute Atmosphäre im Freundeskreis.

Schwierigkeiten in der Ehe, mit den Eltern oder mit den Kindern, mit Freunden und in Liebesbeziehungen werden ihren Tribut fordern und Sie als gebrochenen Menschen zurücklassen.

Auch weist die Rute auf innere Konflikte hin, die sich in chronischen Krankheiten, Fieberanfällen und nervlicher Anspannung äußern.

Den umliegenden Karten können Sie entnehmen, in welchem Bereich es zur Auseinandersetzung kommen wird!

12 *Die Vögel*

Gedanken

Karo-Sieben

Traditionelle Bedeutung

Die Vögel kündigen Schwierigkeiten und Kummer von kurzer Dauer an. Die Konfrontation mit einem Problem, das gelöst werden muss, steht bevor.

Liegen die Vögel weit von der Personenkarte entfernt, so wird eine unerwartete, kurze Reise prophezeit.

Modernes Orakel

Die Vögel kündigen an, dass bestimmte Probleme Sie sehr in Anspruch nehmen werden, bevor Sie zu einer Lösung kommen.

Doch zeigen die Vögel nicht nur Schwierigkeiten an, sie geben auch Aufschluss über das, was Sie denken, über die Ideen, die Sie haben, über Ideale, Inspiration und Gewissen. Unerwartete Glücksfälle werden Sie erfreuen, kleine Ausflüge und Reisen stehen auf dem Programm.

Wenn die Vögel weit von der Personenkarte entfernt liegen, ist eine Reise zu erwarten.

Schauen Sie sich die umliegenden Karten an; sie geben genauere Auskunft darüber, welche spezielle Botschaft die Vögel Ihnen übermitteln wollen.

13 Das Kind

Vertrauen

Pik-Bube

Traditionelle Bedeutung

Der oder die Ratsuchende wird wegen seines/ihres freundlichen Wesens von Freunden und von den Menschen seiner Umgebung geschätzt und respektiert.

Modernes Orakel

Das Kind symbolisiert, dass Sie bei Freunden und Bekannten geschätzt und beliebt sind.

Sie werden deshalb im Leben nur selten allein sein.

Ihr freundliches Wesen weckt Vertrauen.

So wie ein Kind unschuldig in die Welt schaut, begegnen auch Sie der Welt vertrauensvoll.

Bei einer Frau bezieht sich diese Karte außerdem auf einen Wunsch: auf das Kind, an das sie denkt.

Schauen Sie sich deshalb die umliegenden Karten an:

Wenn der Storch (Nr. 17) in der Nähe des Kindes liegt, ist die Fragestellerin möglicherweise guter Hoffnung!

14 Der Fuchs

Betrug

Kreuz-Neun

Traditionelle Bedeutung

Der Fuchs weist auf eine Falle hin, der man möglichst aus dem Weg gehen sollte.

Liegt diese Karte in der Nähe der Personenkarte, dann versucht irgendjemand, den Fragesteller zu bedrohen.

Modernes Orakel

Von alters her ist der Fuchs wegen seiner Schläue bekannt und berüchtigt.

Die Karte will Sie deshalb warnen: Sie sollten nicht alles, was man Ihnen sagt, für bare Münze nehmen.

Jemand möchte Ihnen eine Falle stellen.

Seien Sie also nicht zu vertrauensselig und beobachten Sie wachsam Ihre Umgebung.

Der Fuchs symbolisiert vor allem Betrug und Diebstahl: Durch Betrug versucht irgendjemand, sich Ihres Eigentums zu bemächtigen.

Die Karten, die den Fuchs umgeben, werden Ihnen verraten, wer Sie zu betrügen versucht und welche Art von Falle dieser Mensch Ihnen stellen will!

15 Der Bär

Kraft

Kreuz-Zehn

Traditionelle Bedeutung

Der Bär warnt vor Menschen, die Sie betrügen wollen – ihre Motive sind Neid und Eifersucht.

Hüten Sie sich davor, Menschen, die Ihr Vertrauen nicht verdienen, zu viel aus Ihrem Privatleben zu erzählen.

Modernes Orakel

Ein Bär ist, wie wir wissen, bärenstark: Mit einem Tatzenhieb streckt er uns nieder. Er wirkt jedoch völlig anders, als sein Auftreten vermuten lässt: So hat wohl jedes Kind einen Teddybären.

Der Bär wirkt gemütlich und nachgiebig und suggeriert uns Schutz. Deshalb symbolisiert diese Karte unter anderem auch eine Mutterfigur, die Ihnen helfen und Sie beschützen will.

Aber hüten Sie sich, den Bären zu verärgern! Seine Kraft kann nicht nur positiv, sondern auch negativ wirken.

Der Bär kündigt Glück an, warnt uns jedoch gleichzeitig vor eifersüchtigen und neidischen Menschen, die sich dieses Glücks bemächtigen wollen!

Erzählen Sie niemandem zu viel, der Ihres Vertrauens nicht würdig ist und aus Neid oder Eifersucht versuchen könnte, Sie im privaten oder geschäftlichen Bereich zu betrügen.

16 Der Stern

Gelingen

Herz-Sechs

Traditionelle Bedeutung

Die Sterne weisen darauf hin, dass bestimmte Vorhaben »unter einem guten Stern stehen«.

Sind die Sterne jedoch von Karten mit einer ungünstigen Botschaft umgeben, so warnen sie vor unvorhergesehenen Misserfolgen und unglücklichen Umständen, mit denen Sie nicht gerechnet haben.

Liegen die Wolken (Nr. 6) in der Nähe der Personenkarte, so muss der/die Fragesteller/in mit einer langen Pechsträhne rechnen.

Modernes Orakel

Sterne verkünden uns Erfolg in unseren Vorhaben. Die Aussichten sind geradezu rosig.

Die Karte symbolisiert auch das Streben des Menschen nach dem »Gipfel«.

Gewarnt wird davor, nach Erreichen des Gipfels in »Starallüren« zu verfallen.

Liegen die Sterne in der Umgebung der Wolken (Nr. 6), so werden unsere Vorhaben durch ein unglückliches Zusammentreffen von Umständen sowie durch eine ganze Kette von Fehlschlägen bedroht.

17 *Der Storch*

Veränderung

Herz-Dame

Traditionelle Bedeutung

Wenn der Storch in der Nähe der Personenkarte liegt, steht ein Umzug bevor.

Liegt er weiter von der Personenkarte entfernt, so wird der Umzug sich verzögern oder auf unbestimmte Zeit verschoben werden.

Modernes Orakel:

Der Storch kündigt Veränderungen an – entweder eine völlige Veränderung Ihrer Lebenssituation oder einen Umzug.

Liegt der Storch neben der Karte Nr. 4 (Haus), dann steht ein Umzug bevor.

In der Nähe der Karte Nr. 13 (Kind) wird einer Frau eine Geburt angekündigt, da der Storch von alters her als Symbol der Fruchtbarkeit gilt.

Liegt der Storch überdies auch noch am Rande des

Deutungsschemas, so können Sie sicher damit rechnen, dass sich Ihr Leben völlig verändern wird.

Die Karte kann auch eine Flugreise prophezeien, vor allem, wenn sie neben der Karte Nr. 3 (Schiff) liegt, die Reisen symbolisiert.

18 Der Hund

Freundschaft

Herz-Zehn

Traditionelle Bedeutung

In der Nähe der Personenkarte liegend symbolisiert der Hund, dass Sie auf wahre Freundschaft zählen können.

Liegt der Hund weit von der Personenkarte entfernt, dann sollten Sie nicht zu sehr auf die Menschen vertrauen, die Sie für Freunde halten.

Liegt die Karte Nr. 6 (Wolken) in der Nähe, dann wird der/die Ratsuchende von seinen Freunden verraten oder betrogen werden.

Modernes Orakel

Der Hund ist wachsam und treu. Er schenkt Schutz und Treue.

Diese Karte macht Sie auf die Treue eines Freundes aufmerksam, der Ihnen helfen und versuchen wird, Sie vor unangenehmen Menschen und Dingen zu schützen.

Liegt der Hund weit von der Personenkarte entfernt und enthalten die umliegenden Karten negative Botschaften, dann seien Sie vorsichtig damit, wem Sie Vertrauen schenken: Verdienen diese Menschen Ihr Vertrauen tatsächlich?

Vorsicht vor so genannten Freunden, die Sie durch schöne Worte zu betrügen versuchen.

19 Der Turm

Der Lebensweg

Pik-Sechs

Traditionelle Bedeutung

Der Turm sagt einen glücklichen Lebensabend oder ein hohes Alter voraus.

Wenn in der Nähe des Turms Karten mit ungünstigem Einfluss – beispielsweise Nr. 6 (Wolken) – liegen, muss man mit Krankheit, Invalidität oder Tod rechnen, je nach der Bedeutung der betreffenden Karten.

Modernes Orakel

Der Turm gibt nähere Auskunft über den Verlauf Ihres Lebens und über das Alter, das Sie erreichen werden, vor allem aber darüber, wie Sie es erreichen werden.

Den umliegenden Karten können Sie näheren Aufschluss über die Lebensumstände und über die Schwierigkeiten entnehmen, die auftauchen werden.

Wenn die Karte Nr. 8 (Sarg) neben dem Turm liegt, droht Krankheit oder Invalidität.

Auch kann der Turm das Symbol für eine Persönlichkeit sein, die durch harte Arbeit eine Karriere aufgebaut hat und auf diese Weise berühmt und mächtig geworden ist.

Liegen die Wolken (Nr. 6) neben dem Turm, so ist eine plötzliche Erkrankung zu befürchten, die katastrophale Folgen haben könnte.

Der Turm prophezeit ein hohes Alter und einen glücklichen Lebensabend – falls keine Karten mit ungünstigem Einfluss und auch nicht die Karte Nr. 6 (Wolken) in der Nähe liegen.

20 *Der Garten*

Kreativität

Pik-Acht

Traditionelle Bedeutung

Der Garten kündigt an, dass Sie auf ein Fest oder zu einem Treffen eingeladen werden, wo Sie neue Kontakte anknüpfen können.

Liegt der Turm in der Nähe der Personenkarte, so ist dies ein Hinweis auf eine verlässliche Freundschaft, die lange Bestand haben wird.

Liegt der Garten weit von der Personenkarte entfernt, dann wird vor falschen Freunden gewarnt!

Modernes Orakel

Der Garten berichtet von einer wunderschönen Umgebung oder einem künstlerischen Ambiente, in dem Sie sich völlig zu Hause fühlen werden.

Ihre Lebensumstände werden sich durch die Begegnung mit einem Menschen verändern, der Ihnen innige Freundschaft entgegenbringen wird.

Auch symbolisiert der Garten einen Ort, an dem Zusammenkünfte und Feste stattfinden können.

Die geistige Bedeutung des Gartens jedoch reicht weiter: Er verkörpert Kreativität, die sich in Ihnen entfalten wird, sodass Sie sich zu einem bekannten Künstler oder zu einem Lebenskünstler entwickeln werden.

Außerdem symbolisiert der Garten eine angenehme Umgebung, in der man sich in Ruhe und Frieden erholen kann.

Liegt der Garten weit von der Personenkarte entfernt, dann dürfen wir sogenannten Freunden nicht zu leichtfertig vertrauen.

21 Der Berg

Feinschaft, Widerstand

Kreuz-Acht

Traditionelle Bedeutung

Wenn der Berg in der Nähe der Personenkarte liegt, kündigt er einen gefürchteten Feind an, der Sie verletzen wird, wo immer er kann.

Liegt der Berg weit von der Personenkarte entfernt, so kann der Fragesteller auf treue und starke Freunde zählen, die ihm in der Not helfen werden.

Modernes Orakel

Der Berg warnt vor einem Feind, der vor nichts zurückschreckt. Wir müssen mit Widerstand rechnen. Diese Situation lässt sich nicht vermeiden, und wir müssen versuchen, Geduld und Ausdauer nicht zu verlieren.

Der Berg hat auch noch eine andere Bedeutung: Er symbolisiert ein riesiges Problem, vor dem wir stehen und das wir nicht sofort lösen können.

Nur durch Selbstbeherrschung, Durchsetzungsvermögen und Tapferkeit werden wir die Schwierigkeiten überwinden.

Liegt diese Karte über der Personenkarte, so prophezeit sie, dass dem Ratsuchenden starker Widerstand entgegengesetzt wird.

Liegt die Karte weit von der Personenkarte entfernt, so werden Ihnen in der Not treue Freunde helfen.

22 *Der Weg*

Die Wahl

Karo-Dame

Traditionelle Bedeutung

Wenn der Weg von Karten mit ungünstigem Einfluss umgeben ist, wie zum Beispiel den Wolken (Nr. 6), so wird der/die Fragesteller/in Fehlschläge verkraften müssen.

Liegt der Weg weit von der Personenkarte entfernt und nicht neben ungünstigen Karten, dann müssen neue Wege gesucht werden, um Misserfolge zu vermeiden.

Modernes Orakel

Der Weg kündigt eine wichtige Entscheidung an: Welchen Weg werden Sie einschlagen?

Eine Wahl steht bevor, eine Entscheidung, die wichtig für die Zukunft ist. Doch bevor man eine Entscheidung trifft, muss man die verschiedenen Möglichkeiten gut abwägen.

Die umliegenden Karten geben nähere Informationen über den Weg: Sie zeigen eigene Möglichkeiten und Chancen an und warnen gleichzeitig vor irreführenden Seitenwegen –

es sei denn, Karten mit negativem Einfluss, wie die Wolken (Nr. 6), liegen daneben; in letzterem Fall muss mit vielen Schwierigkeiten gerechnet werden.

Liegt der Weg in der Nähe der Personenkarte, so steht eine schwierige Entscheidung bevor. Liegt diese Karte weit von der Personenkarte entfernt und ist sie nicht von Karten mit negativer Grundbedeutung umgeben, so ist ein Ausweg aus einer schwierigen Lage in Sicht.

23 *Die Mäuse*

Diebstahl, Verlust

Kreuz-Sieben

Traditionelle Bedeutung

Die Mäuse prophezeien Diebstahl und Verlust.

Liegt diese Karte in der Nähe der Personenkarte, so besteht Aussicht, das Gestohlene zurückzubekommen.

Liegen die Mäuse hingegen weit von der Personenkarte entfernt, so sollte man nicht damit rechnen, das Verlorene oder Gestohlene jemals wiederzubekommen.

Modernes Orakel

Die Mäuse berichten von Diebstahl und Verlust: Entweder wird man Sie materiell bestehlen, und kleinere Gegenstände aus Ihrer Umgebung werden verschwinden, ohne dass Ihnen dies auffällt, oder »kleine Gauner« bringen Sie langsam aber sicher um Ihr gesamtes Hab und Gut.

Geben Sie also auf den Inhalt Ihres Portemonnaies immer und überall Acht: Rechnen Sie stets alles sorgfältig nach!

Die Mäuse können jedoch auch auf heimliche Liebe hinweisen: Sie wissen nicht, wie Sie Ihre Gefühle ausdrücken sollen.

Mäuse sind kleine Nagetiere. Wenn Sie unter den gewählten Karten auftauchen, so kann dies auch bedeuten, dass »etwas« an Ihnen nagt: eine chronische Krankheit zum Beispiel.

Liegt die Karte Nr. 23 in der Nähe der Personenkarte, dann besteht die Chance, dass etwas, das uns genommen wurde, wieder zu uns zurückkehren wird, oder dass wir ein nagendes Problem lösen können, wenn wir nur aufmerksam genug sind.

Liegen die Mäuse hingegen weit von der Personenkarte entfernt und in der Nähe einer Karte, die für uns von großer Bedeutung ist, dann müssen wir umgehend drastische Maßnahmen ergreifen, um uns vor Verlust zu schützen.

24 *Das Herz*

Liebe

Herz-Bube

Traditionelle Bedeutung

Das Herz kündigt Glück und Freude in Herzensangelegenheiten an. Diese Karte prophezeit ein glückliches Liebesleben, eine wundervolle Romanze und Zufriedenheit.

Modernes Orakel

Wer möchte das Herz nicht unter seinen Karten finden?

Großes Glück in der Liebe wird Ihnen prophezeit. Durch eine Romanze mit einer sehr attraktiven Person werden Sie sich selbst drastisch verändern, und auch Ihr Leben wird grundlegend verändert werden. Ihr Liebespartner wird sein Herz weit für Sie öffnen und Sie mit seiner/ihrer Liebe überhäufen.

Weisen Sie diese Liebe nicht zurück, es könnte sonst sein, dass Sie das Glück der Liebe nie mehr erfahren.

Glück, gute Laune und Lebensfreude werden Sie vollkommen transformieren, sodass Sie eine herzliche und strahlende

Persönlichkeit werden, die alle anderen Menschen durch ihre Liebe und Freundlichkeit anzieht!

Liegt diese Karte in der Nähe der Personenkarte, so prophezeit sie Ihnen eine wundervolle Romanze, die Ihr Leben mit großem Glück erfüllen wird.

Liegt die Karte Nr. 8 (Sarg), die Karte Nr. 10 (Sense) oder die Karte Nr. 36 (Kreuz) in der Nähe, dann müssen Sie in der Liebe vorsichtig sein – es könnte zu einem plötzlichen Bruch kommen.

Liegen die Karten Nr. 6 (Wolken) oder Nr. 21 (Berg) in der Nähe, so sind große Schwierigkeiten zu erwarten. Liegt das Herz neben der Karte Nr. 7 (Schlange), dann haben Sie es mit einem eifersüchtigen Liebhaber zu tun, oder man versucht, Sie aus Eifersucht oder Neid zu behindern.

25 *Der Ring*

Die Ehe

Kreuz-Ass

Traditionelle Bedeutung

Wohlstand und Glück werden prophezeit, wenn der Ring rechts von der Personenkarte liegt.

Zur Linken der Personenkarte kündigt der Ring Schwierigkeiten und Unzufriedenheit in Liebesbeziehungen an, was zu einer Ehescheidung oder zum Ende einer Beziehung führen kann.

Modernes Orakel

Der Ring kündigt eine Heirat, eine Liebesbeziehung oder eine Partnerschaft an.

Liegt diese Karte in der Nähe der Personenkarte, so wird die Ehe in Ihrem Leben eine wichtige Rolle spielen: Das Schicksal hat sie fest mit einem anderen Menschen verbunden.

Liegt der Ring in der Vergangenheit und neben der Sense (Nr. 10) oder neben dem Kreuz (Nr. 36), so ist dies ein Hinweis auf eine zerbrochene Ehe oder auf die Trennung von einem geliebten Menschen.

Über, unter oder rechts von der Personenkarte liegend, kündigt diese Karte Zufriedenheit in der Ehe an. Die Ehe wird in Ihrem Leben eine wichtige Rolle spielen!

Der Ring berichtet auch von einer innigen Beziehung, die Sie mit jemandem eingehen werden und die weitreichende Folgen für Ihr weiteres Leben haben wird.

Nach der Überlieferung weist der Ring, wenn er links von der Personenkarte liegt, auf Schwierigkeiten in der Ehe hin, die zur Trennung von Ihrem Partner oder zur Scheidung führen können.

Liegt der Ring rechts neben der Personenkarte, so prophezeit er ein tugendhaftes und von Treue geprägtes Liebesleben mit dem Partner.

Letzteres braucht nicht in Widerspruch zur übrigen Interpretation zu stehen. Manchmal geht es bei der Deutung um zwei Ehen oder Beziehungen. Die Intuition des Kartendeuters ist in einem solchen Fall ganz besonders gefordert.

26 *Das Buch*

Ein Geheimnis

Karo-Zehn

Traditionelle Bedeutung

Das Buch symbolisiert ein Geheimnis, das Sie zu enträtseln versuchen müssen.

Sehen Sie sich die umliegenden Karten an, dann werden Sie erfahren, was man Ihnen verschweigt.

Je näher das Buch der Personenkarte liegt, um so wichtiger ist die Botschaft dieser Karte.

Modernes Orakel

Das Buch weist darauf hin, dass man Ihnen ein Geheimnis verschweigt. Sie müssen versuchen, Verborgenes aufzuspüren und ans Licht zu bringen.

Dieses Geheimnis kann sich auch auf tief verborgene Gefühle und Gedanken eines verschlossenen Menschen beziehen, deshalb braucht es nicht unbedingt mit einer negativen Botschaft verbunden zu sein.

Das Buch zeigt auch an, dass über etwas nachgedacht werden muss: über Dokumente, Eheverträge, über ein Testament oder ein Studium – Dinge, mit denen man diskret umgehen muss.

Um zu erfahren, was das Buch verbirgt, schauen wir uns die umliegenden Karten an: Sie geben Auskunft über den Inhalt des Geheimnisses.

27 Der Brief

Neuigkeiten

Pik-Sieben

Traditionelle Bedeutung

Der Brief bringt Neuigkeiten. Um was es dabei geht, hängt vom ungünstigen oder günstigen Einfluss der umliegenden Karten ab.

Vorsicht, wenn die Karte Nr. 6 (Wolken) in der Nähe dieser Karte liegt, denn dann müssen Sie mit schlechten Nachrichten rechnen!

Modernes Orakel

Der Brief bringt Neuigkeiten – Geschäftsdokumente, einen Liebesbrief, eine Todesanzeige – alles, was durch die Post gebracht wird. Die umliegenden Karten geben nähere Auskunft darüber, was der Brief enthält.

Liegt die Karte Nr. 1 (Reiter) neben dem Brief, dann kommt die Nachricht aus weiter Ferne. Der Sarg (Nr. 8) neben dem Brief kann auf eine Todesanzeige hinweisen. Schauen Sie aber zur Vorsicht erst einmal nach, welche Karten den Sarg und den Brief umgeben: Es könnte auch um das Ende eines Vertrages gehen.

Die Karte Nr. 24 (Herz) neben dem Brief ist natürlich ein Hinweis darauf, dass die Nachricht von einem geliebten Menschen stammt.

Liegt die Karte Nr. 6 (Wolken) in der Nähe der Personenkarte und des Briefes, so müssen Sie mit einer ungünstigen Nachricht rechnen.

28 *Der Herr*

Der Fragesteller, der Partner, der Freund

Herz-Ass

Traditionelle Bedeutung

Diese Karte stellt eine männliche Person dar, die die Karten um Rat fragt. Wenn die Karten für eine Dame gedeutet werden, so kann der Herr den Partner, einen intimen Freund oder den Vater darstellen, je nachdem, welche Karten den Herrn umgeben.

Die Karte ist eine der beiden Personenkarten, weshalb man sie besonders sorgfältig interpretieren muss.

Modernes Orakel

Diese Karte stellt den Fragesteller selbst dar oder einen guten Freund, der ihn in geschäftlichen oder anderen wichtigen Angelegenheiten unterstützt.

Sucht eine Frau Rat, so symbolisiert die Karte Nr. 28 ihren Partner, einen intimen Freund, mit dem sie ihr Leben teilen möchte, oder ihren Vater.

Beim Lesen der Karten ist es sehr wichtig nachzuschauen, welche Karten neben dem Herrn liegen: Diese geben Aufschluss über seine tiefsten Gedanken und Gefühle und zeigen, welche Ereignisse oder Situationen er zu erwarten hat.

Von dieser Karte aus ziehen wir auch das Kreuz in die Vergangenheit, in die Gegenwart und in die Zukunft.

Lesen Sie im Kapitel 8 unter Punkt 7 »Das Kreuz von Gegenwart, Vergangenheit und Zukunft«, Seite 118*ff.*, nach, wie Sie ein solches Kreuz interpretieren müssen.

29 *Die Dame*

Die Fragestellerin, die Partnerin, die Freundin

Pik-Ass

Traditionelle Bedeutung

Diese Karte stellt die Frau dar, die die Karten befragt.

Sucht ein Mann Rat, so repräsentiert diese Karte seine Partnerin, eine intime Freundin oder seine Mutter, je nachdem, welche Karten die Dame umgeben.

Da die Dame eine der beiden Personenkarten ist, muss sie besonders sorgfältig interpretiert werden.

Modernes Orakel

Die Karte Nr. 29 repräsentiert die Frau, für die die Karten gedeutet werden, oder eine gute Freundin, die eine wichtige Rolle in ihrem Leben spielt.

Sehen Sie sich die Karten an, die die Dame umgeben; sie geben Ihnen Aufschluss darüber, was sie denkt und was ihr das Leben zu bieten hat.

Von dieser Karte aus ziehen wir ein Kreuz, um zu erfahren, wie die Lebenssituation der Fragestellerin aussieht und was sie im Leben zu erwarten hat.

Wie Sie ein solches Kreuz erhalten und durch dieses Verfahren Vergangenheit, Gegenwart und Zukunft entschlüsseln können, können Sie im Kapitel über die Legemethoden nachlesen (siehe Seite 118 *ff.*).

Liegt die Dame am Rande des Schemas, so wird ihr eine große Wende im Leben prophezeit.

Liegt die Karte in der gleichen Reihe wie die Karte Nr. 28 (der Herr), so wird ein Verhältnis oder eine Ehe angekündigt, das/die für das weitere Leben der Fragestellerin sehr wichtig sein wird.

30 *Die Lilien*

Unterstützung

Pik-König

Traditionelle Bedeutung

Die Lilien symbolisieren ein glückliches und tugendhaftes Leben.

Wenn diese Karte über der Personenkarte liegt, ist der/die Fragesteller/in ein gutgelaunter und zufriedener Mensch mit einer moralischen Lebensanschauung und einer positiven Grundeinstellung zum Leben.

Liegen die Lilien unter der Personenkarte, dann ist der/die Fragesteller/in unsicher in seinen/ihren Handlungen und muss mit vielen kummervollen und schwierigen Situationen zu Hause rechnen.

Modernes Orakel

Die Lilien verraten die Lebenseinstellung der/des Ratsuchenden. Liegen sie über der Personenkarte, dann ist sie/er vertrauenswürdig und aufrichtig.

Liegt die Karte unter der Personenkarte, dann müssen wir auf eine unehrliche Lebenseinstellung, auf Unsicherheit und häuslichen Kummer gefasst sein.

Einer Frau sagt diese Karte voraus, dass sie einem Mann begegnen wird, der sie liebt und sie beschützen möchte.

Liegen die Lilien neben der Personenkarte eines Mannes, so kann dieser auf die Unterstützung eines seriösen Freundes zählen.

Die Lilien kündigen stets berufliche Beförderung und aufrichtige Freundschaft an.

31 *Die Sonne*

Optimismus

Karo-Ass

Traditionelle Bedeutung

Liegt die Sonne in der Nähe der Personenkarte, so prophezeit sie, dass hohe Erwartungen in Erfüllung gehen werden und dass man glücklich werden wird.

Liegt die Sonne weit von der Personenkarte entfernt, so bricht eine entmutigende und enttäuschende Periode für Sie an.

Modernes Orakel

Die Sonne strahlt Optimismus, aber auch intuitive Kraft aus und warnt davor, den Mut zu verlieren: Immer wird es ein Licht in der Dunkelheit geben.

Diese Karte verkündet Wohlstand und Glück.

Eine Vaterfigur wird Ihnen helfen und Sie bei allen Vorhaben unterstützen.

Ihre Erwartungen werden in Erfüllung gehen.

Sehen Sie sich die umliegenden Karten an, um zu erfahren, aus welcher Richtung Glück und Unterstützung zu erwarten sind.

Liegt die Sonne weit von der Personenkarte entfernt, so steht uns hinsichtlich unserer Erwartungen eine Enttäuschung bevor. Lassen Sie trotzdem den Mut nie sinken, und lassen Sie die Sonne in Ihrem eigenen Herzen scheinen!

32 *Der Mond*

Ehre

Herz-Acht

Traditionelle Bedeutung

Wenn der Mond in der Nähe der Personenkarte liegt, wird dem/der Fragesteller/in große Ehre, Achtung und Anerkennung zukommen. Ist der Mond weit von der Personenkarte entfernt, so wird der/die Fragesteller/in unter Mangel an Anerkennung und Unzufriedenheit über die eigenen Lebensumstände leiden.

Modernes Orakel

Der Mond prophezeit Ehre, Ruhm und Macht.

Diese Karte ist ein Hinweis auf eine inspirierte Persönlichkeit, die es durch originelle Ideen im Leben weit bringen wird.

Eine erfolgreiche Laufbahn ist die Folge, beruflicher Erfolg und eine positive Entwicklung in allen Unternehmungen.

Eine Mutterfigur in der unmittelbaren Umgebung wird dem/der Fragesteller/in beistehen und ihm/ihr helfen.

Ruhm und Auszeichnungen sind zu erwarten, wenn diese Karte neben der Personenkarte liegt.

Liegt sie weit von der Personenkarte entfernt, so wird Desillusionierung und Mangel an Anerkennung für die eigenen Bemühungen prophezeit, was eine Depression auslösen kann.

33 Der Schlüssel

Ein Neubeginn

Karo-Acht

Traditionelle Bedeutung

Der Schlüssel sichert Ihnen Erfolg bei neuen Unternehmungen, wenn diese Karte in der Nähe der Personenkarte liegt. Sie werden Ihr Ziel erreichen.

Liegt der Schlüssel weit von der Personenkarte entfernt, so müssen Sie mit schweren Misserfolgen, Schwierigkeiten und dem Fehlschlagen von Plänen rechnen, was Sie völlig entmutigen wird.

Modernes Orakel

Mit dem Schlüssel öffnen Sie sich die Türen zu einem Neubeginn, einem neuen Morgen.

Sie erschließen sich etwas, wonach Sie schon lange gesucht haben: den Kern eines Problems oder den Kern Ihres Selbst.

Der Schlüssel symbolisiert einen Neubeginn oder eine Lösung, die man nach langem Suchen endlich findet.

Die Karte zeigt an, dass Sie mit etwas Neuem beginnen werden, das Ihnen viel Erfolg bringen wird. Bestimmte Pläne oder Herzenswünsche nehmen Form an, weil Sie nun wissen, wie Sie sie in die Tat umsetzen können.

Männern kündigt der Schlüssel neue Unternehmungen und Pläne an, denen Erfolg beschieden sein wird.

Frauen prophezeit diese Karte, dass alle ihre Herzenswünsche in Erfüllung gehen werden.

Liegt der Schlüssel weit von der Personenkarte entfernt und ist er von Karten mit negativer Bedeutung umgeben, dann werden sich Ihnen Hindernisse in den Weg stellen. Hüten Sie sich aber davor, den Mut zu verlieren! Auch wird vor Neid und Missgunst gewarnt.

34 Die Fische

Überfluss

Karo-König

Traditionelle Bedeutung

Sie werden Erfolg mit verschiedenen Unternehmungen haben, was Ihnen Überfluss und Wohlstand bringt, wenn Sie die sich bietenden Chancen ergreifen.

Liegen die Fische weit von der Personenkarte entfernt, dann werden Vorhaben schwer in die Tat umzusetzen sein.

Modernes Orakel

Die Fische prophezeien Überfluss und Reichtum.

Neue Ideen sprudeln aus dem Unterbewussten und bringen Erfolg, wenn sie in die Tat umgesetzt werden.

Auch versuchen Sie, etwas herauszufinden, um zu wissen, woran Sie sind.

Doch die wichtigste Botschaft dieser Karte ist, dass der/die Fragesteller/in durch Handel und geschäftliche Unternehmungen sehr reich werden wird: Gewinne auf allen

Gebieten sind möglich. Ihre Unternehmungen werden von Erfolg gekrönt sein.

Liegen die Fische weit von der Personenkarte entfernt und sind sie von Karten mit einer negativen Grundbedeutung umgeben, dann müssen wir uns vor Klatsch und abfälligem Gerede hüten. Gewisse Pläne werden sich zerschlagen.

35 Der Anker

Stabilität

Pik-Neun

Traditionelle Bedeutung

Sie werden in allen Unternehmungen, die mit Liebe und mit geschäftlichen Angelegenheiten in Zusammenhang stehen, Erfolg haben. Man wird Ihnen in der Liebe treu sein, und die Arbeit, die Sie tun, wird sich günstig für Sie auswirken.

Liegt diese Karte weit von der Personenkarte entfernt, so müssen Sie mit unbeständigen Gedanken und mit einem allgemein instabilen Zustand rechnen.

Modernes Orakel

Der Anker prophezeit Treue in der Liebe und Sicherheit.

Sie sehnen sich nach einem sicheren Hafen, in dem Sie Ausgeglichenheit, Erholung und Ruhe finden.

Jemand in Ihrer Umgebung wird Sie unterstützen und versuchen, Ihnen Geborgenheit zu schenken.

Geschäftsleuten bringt der Anker eine gute Nachricht: Sie

werden interessante Handelsbeziehungen eingehen, die sich zu Ihrem Vorteil entwickeln werden.

Liegt der Anker weit von der Personenkarte entfernt, dann ist die/der Ratsuchende ein Mensch mit einem unsteten Charakter, der ständig seine Meinung ändert.

Sowohl in der Liebe als auch in geschäftlichen Angelegenheiten wird keine Harmonie herrschen.

36 *Das Kreuz*

Leid

Kreuz-Sechs

Traditionelle Bedeutung

Das Kreuz ist immer ein schlechtes Vorzeichen.

Liegt diese Karte in der Nähe der Personenkarte, so ist das Leid oder das Unglück nur von kurzer Dauer bzw. zeitlich begrenzt.

Modernes Orakel

Das Kreuz kündigt Leid und Missgeschick an.

Über eine bestimmte Episode in Ihrem Leben können Sie nur »ein Kreuz schlagen« – sie mit Fassung tragen.

Auch geht eine Situation oder eine Beziehung ihrem Ende zu, was großen Kummer verursacht.

Immer müssen die Karten, die das Kreuz umgeben, zur Deutung herangezogen werden: Sie geben Aufschluss darüber, welche Art von Leid über Sie kommen wird.

Liegt das Kreuz in der Nähe der Personenkarte, so ist es nicht ganz so negativ zu deuten: Missgeschick und Leid werden keine schlimmen Folgen haben und nur von kurzer Dauer sein. Sie »schlagen ein Kreuz« über das, was geschehen ist, doch ein neuer Anfang liegt vor Ihnen!

– Sechs –

Die vier Farben oder Elemente der 36 Karten des Lenormandspiels

1. Die vier Farben, Reihen oder Energien

Genau wie ein »normales« Kartenspiel sind die Lenormandkarten in vier Farben eingeteilt. Diese vier Farben sind Gruppen oder Reihen: **Kreuz, Herz, Pik und Karo** geben die vier wichtigsten energetischen Richtungen des Lebens an. Es sind die gleichen vier Energien, die wir in der Astrologie und im Tarot finden:

- **Kreuz stellt das Feuer dar** (Energie der Tat, des uns) – wie im Tarot die Stäbe.
- **Herz stimmt überein mit dem Element Wasser** (Liebe, Fühlen, Emotionen) – die Kelche im Tarot.
- **Pik bezieht sich auf das Element Luft** (Wissen, Denken, Gedanken) – die Schwerter im Tarot.
- **Karo symbolisiert das Element Erde** (Materie, Besitz, »Haben«) – wie die Münzen im Tarot.

Sehen wir, welche Farbe zu uns spricht, dann wissen wir um die dazu gehörende Energie: Werden hier die Gefühle von jemanden angesprochen, seine Taten, die Art des Denkens oder sein Bezug zu Geld, Besitz usw.

2. *Die Farben im Lenormandspiel*

Jede Farbe der 36 Lenormandkarten besteht aus Ass (oder Eins), König oder Herr, Königin oder Dame, Bauer und den Zahlen Zehn, Neun, Acht, Sieben und Sechs.

Die Eins oder das Ass bildet eine Brücke zwischen dem König und den anderen darauf folgenden Karten: Königin, Bauer, Zehn, Neun, Acht, Sieben und Sechs. Man nennt dies: der Rote Faden der Evolution, der durch das Leben oder die Lebensumstände des Fragers führt.

Das Ass ist die stärkste Karte, die den Beginn einer Beziehung, eines Unternehmens oder einer finanziellen Angelegenheit anspricht. Das Ass stellt immer einen Neuanfang bezogen auf seine Farbe und die somit von ihm verkörperte Energie dar.

3. *Rote Karten*

Herz und Karo sind rote Karten. Die Farbe **Rot** in der Bedeutung des Farbenspektrums: **Lebensenergie, Blut, Jugend, Körperkraft, Leben** und **Geburt.**

Herzen stellen die Begeisterung der Jugend dar: der

junge, empfindsame Mensch, der noch Erfahrung sammeln muss. **Karo dagegen stellt den reifen, erfahrenen Mensch dar,** z. B. einen Ausländer, einen Außenstehenden oder einen Fremden im Leben des/der Fragestellers(in).

4. Schwarze Karten

Die schwarzen Karten sind Kreuz und Pik. **Schwarz** steht für die **Transformation, oder große Veränderungen im Leben, Alter, Tod und sogar Reinkarnation** können hier mitgedeutet werden.

Auch die **Kreuz-Karten symbolisieren jugendliche Begeisterung**: der Junge, der Unerfahrene, feurige Mensch, der erst handelt und dann nachdenkt.

Die **Pik-Karten stehen für das Urteil eines erfahrenen Menschen**: sie deuten auch auf einen erfahrenen, älteren, urteilskräftigen Menschen hin, der das Leben ernst nimmt. **Pik weist auf ernste Lebenslagen hin.**

5. Ein positives »JA« oder ein negatives »NEIN« als Antwort auf die gestellte Frage

Wenn Sie die Lenormandkarten nach »JA« oder »NEIN« fragen wollen, stellen Sie eine Frage. Ziehen Sie daraufhin eine rote Karte – Herz oder Karo –, heißt das »JA«. Ziehen Sie eine schwarze Karte – Kreuz oder Pik –, bedeutet dies »NEIN«.

6. Besondere Bedeutung der roten Karten

Bekommen Sie eine Herz-Karte auf eine Frage, dann heißt dies: ein gutes Ergebnis in der Zukunft. Ziehen Sie eine Karo-Karte, dann werden Sie darauf hingewiesen, ein wenig Geduld zu haben, bevor die gute Nachricht eintrifft.

7. Besondere Bedeutung der schwarzen Karten

Eine Kreuz-Karte gibt als Antwort, dass das Gewünschte durch Anstrengung erreicht wird.

Die Pik-Karte jedoch deutet darauf hin, dass der Erfolg ausbleibt.

– Sieben –

Die Hofkarten

1. Die Bedeutung der Hofkarten

Wenn wir die Bedeutung jeder Karte betrachten, sollten wir uns auch immer eingehender mit den Hofkarten beschäftigen. Die Hofkarten sind: König (Herr), Königin (Dame), Bauer (junger Herr). Sie stellen die Menschen in unserer Umgebung dar: ihre Haltung, Gedanken und Gefühle.

2. Physische oder astrologische Deutung

Mit den Karten können wir Personen physisch oder astrologisch deuten, z. B.: Ist er/sie groß, mollig, hager usw. Oder: Handelt es sich um einen Löwen, Widder oder einen Fisch. Im Gespräch wird der/die Fragesteller(in) wissen, um wen es sich handelt. Seien Sie dennoch vorsichtig mit exakten Aussagen. Suchen Sie nach Qualitäten der betreffenden Person oder Sache. Betrachten Sie vor allem, welche Karten die Hofkarten begleiten. Sie geben weitere Auskünfte über die Hofkarten, was für die Interpretation hilfreich ist.

3. Alter

Herz-Hofkarten und Kreuz-Hofkarten stellen immer junge Menschen dar, die in der Blütezeit ihres Lebens stehen. Karo-Hofkarten und Pik-Hofkarten dagegen sind ältere und erfahrene Menschen mit viel Lebensernst und oft Würdenträger, wie Minister, Polizei, Arzt usw.

4. Äußerliche oder physische Erscheinung der Hofkarten

Kreuz-König, Kreuz-Königin und Kreuz-Bauer sind starke und kräftige Persönlichkeiten, die wissen, was sie wollen. Es handelt sich hier oft um Geschäftsleute, Händler und tatkräftige Sportler. Sie sind meistens Menschen mit rotbraunen oder hellbraunen Haaren, und sie haben hellbraune, graue oder grüne Augen.

Karo-König, Karo-Königin und Karo-Bauer arbeiten mit Geld, sind aber nicht unbedingt Materialisten. Sie sind oft Finanzverwalter, Beamten, Buchhalter, Geschäftsleute und wohnen am Wasser oder kommen aus dem Ausland. Sie können dunkles, graues oder weißes Haar haben. Ihre Augenfarbe ist entweder braun, grau, blau oder grün. Oft haben sie eine helle Haut.

Der Karo-König deutet oft auf einen spirituellen Lehrer, Karo-Königin auf eine Person, die man noch nicht kennt oder die Schwiegermutter, Karo-Bauer auf einen hart arbeitenden jungen Mann.

Herz-König, Herz-Königin und Herz-Bauer sind Gefühlsmenschen oder Menschen, mit denen man emotionell verbunden ist.

Sie können folgende Personen darstellen: Eltern, Schwiegereltern, Geschwister, ein Kind, Geliebter oder Geliebte, Freund oder Freudin. Meistens haben sie blondes, weißes, braunes oder graues Haar und blaue, graue, grüne oder hellbraune Augen.

Herz-König ist oft der Vater, Herz-Königin die Mutter, die Schwester oder die Tante.

Herz-Bauer ist meist die/der Geliebte oder das eigene Kind.

Pik-König, Pik-Königin, Pik-Bauer gehören zum Element Luft. Es handelt sich hier um ernste, ältere Personen und Entscheidungen über ernste Angelegenheiten des Lebens. Sie haben zu tun mit Amtsangelegenheiten wie beispielsweise Notarakte, Gerichtsverhandlungen, Ärzte, Anwälte, Arbeitgeber oder Beamte; aber auch Eltern, Schwiegereltern oder Großeltern fallen unter diese Hofkarten. Die Haut ist dunkel oder sogar schwarz, und die Personen haben schwarzes Haar und dunkle Augen.

5. Astrologische Bedeutung der Hofkarten

Kreuz-König, Kreuz-Königin oder Kreuz-Bauer gehören dem Element Feuer an, was astrologisch Widder, Löwe und Schütze darstellt.

Karo-König, Karo-Königin und Karo-Bauer stehen astrologisch für die Erdezeichen: Stier, Jungfrau und Steinbock.

Pik-König, Pik-Königin und Pik-Bauer sind die astrologischen Luftzeichen: Zwilling, Waage und Wassermann.

Herz-König, Herz-Königin und Herz-Bube stehen astrologisch für das Element Wasser: Krebs, Skorpion und Fische.

– Acht –

Verschiedene Methoden zum Auslegen der Karten mit Beispielen

1. Einstellung zum Kartenlegen

Legen Sie die Karten nicht mal eben während des Frühlingsputzes, wenn Sie einen Großeinkauf tätigen müssen oder das Telefon fortwährend läutet.

Nehmen Sie sich Zeit, um zur Ruhe zu kommen. Betrachten Sie das Kartenlegen als eine Meditation mit sich selbst. Die ausgelegten Karten geben Ihnen die Gelegenheit, Probleme oder Umstände Ihres Lebens zu überdenken.

Nehmen Sie ein sauberes Tischtuch, eine brennende Kerze, einen kleinen Strauß Blumen oder Mineralien wie Bergkristall, Amethyst oder Weihrauch, um positive und »höhere« Energien anzuziehen wie Engel, verstorbene Familienmitglieder oder Freunde, die Ihnen sehr nahe stehen.

Gehen Sie respektvoll und mit Verantwortung an die Arbeit, wenn Sie Karten für andere legen. Betrachten Sie dies nicht als »Punktesammeln«, sondern als eine Möglichkeit, Dankbarkeit zu zeigen für das Vertrauen, das man Ihnen schenkt.

Einmal wöchentlich mit einer einfachen Methode die Karten zu legen ist besser, als es täglich zu tun. Denn beim häufigen Befragen der Karten ist man eventuell nicht mehr in der Lage, die Essenz der Botschaft zu deuten. Nur eine Karte täglich zu ziehen, sozusagen als kurze Meditation zu Ihrer momentanen Lebenslage, ist wiederum empfehlenswert.

Nachdem Sie die Karten gelegt und ihre Botschaften entschlüsselt sowie interpretiert haben, räumen Sie alles wieder auf und verbrennen noch einmal Weihrauch, um sofort alles von allen emporgekommenen Emotionen und negativen Gedanken zu reinigen, die während des Kartenlegens entstanden sind.

Bitten Sie abschließend Ihren spirituellen Führer, die Familie zu schützen und positive Energien in den häuslichen Kreis zu bringen.

2. *Das Mischen*

Mischen Sie die Karten, während Sie sich auf Ihre Frage oder Lage konzentrieren, damit sie eine neue Reihenfolge bekommen. Aber nicht zu lange, denn – es mag Ihnen vielleicht fremd erscheinen – es gibt eine bestimmte Reihenfolge, eine »Evolution« in der Folge der Karten, auch wenn Sie sie mischen.

Beim Mischen laden Sie die Karten mit Ihrer Aura und allem auf, was Ihre Aura beinhaltet.

Meiner Ansicht nach »liest« das Unterbewusste, das höhere Bewusstsein und die Intuition des Fragestellers im Voraus die Reihenfolge der Karten, ohne sich dessen bewusst zu sein. Daher ist es immer besser, einen eigenen Kartensatz zu haben und für das Auslegen für andere einen neuen Satz zu verwenden.

3. Das »Umrühren« (die Karten auf den Tisch legen und durcheinander »rühren«)

Wer mit der Bedeutung von »umgekehrten Karten« arbeiten will, sollte sie auf folgende Weise mischen: Legen Sie die Karten mit dem Bild nach unten auf den Tisch und schieben Sie sie durcheinander.

Die Bedeutung eines umgekehrten Bildes ist der Symbolik der Karte entgegengesetzt und bedeutet, dass Sie jetzt noch nicht soweit sind, die spirituelle Botschaft zu verstehen.

Zum Beispiel der Sarg (Nr. 8): Anstatt bestimmte Angelegenheiten zu begraben, loszulassen oder zu transformieren, besagt der umgekehrte Sarg, dass die Zeit zum Loslassen oder Beendigen einer Angelegenheit jetzt noch nicht gekommen ist.

4. Das Abheben

Nachdem die Karten gemischt wurden, hebt man ab, indem das Deck in gleich große oder ungleiche Stapel geteilt wird. Nun werden die Stöße so zusammengenommen, dass der abgehobene Teil unten liegt. Die unterste Karte des Stapels wird betrachtet. Hier erscheint sofort die wichtigste Botschaft. Falls Sie die Botschaft nicht richtig verstehen, betrachten Sie die nächstfolgende Karte. Mehr als vier Karten sind nicht zu empfehlen, vor allem, wenn das Spiel mit den 36 Karten ausgelegt werden soll.

5. Einfache Antwort auf Ihre heutige Situation

Die Karten werden als Fächer auf dem Tisch ausgebreitet. Mit der linken Hand wird nun die erste Karte gezogen. Sie wird links gelegt und stellt die Vergangenheit oder die Ursache einer Situation dar, die zweite Karte gibt eine Aussage über die jetzige Situation und liegt in der Mitte, die dritte Karte wird rechts für die Zukunft oder die Folge der jetzigen Lage aufgelegt.

Diese Methode entspricht dem karmischen Gesetz »Du erntest, was du säst.«

Aus der Vergangenheit erfolgt die Situation vom Heute und führt zum Ergebnis von Morgen. In Wirklichkeit befindet man sich immer in der ewigen Gegenwart (Hier und Jetzt) – bedingt durch Denken und Tun aus der Vergangenheit oder vorheriger Inkarnationen, deren Folgen sich in der

Gegenwart zeigen, die wiederum das »Gepäck« für die Zukunft ist.

Haben Sie die Symbolik der drei Karten – Vergangenheit, Gegenwart, Zukunft – gedeutet, dann können Sie die Karte der Schlussfolgerung ziehen. Das ist die Antwort für die Zukunft oder die heutige Situation.

Nach dieser Legung geben Sie die Karten in den übrigen Stoß des Lenormandspiels zurück.

Jetzt brauchen Sie nicht mehr abzuheben. Legen Sie nun die 36 Karten in vier Reihen von je neun Karten aus.

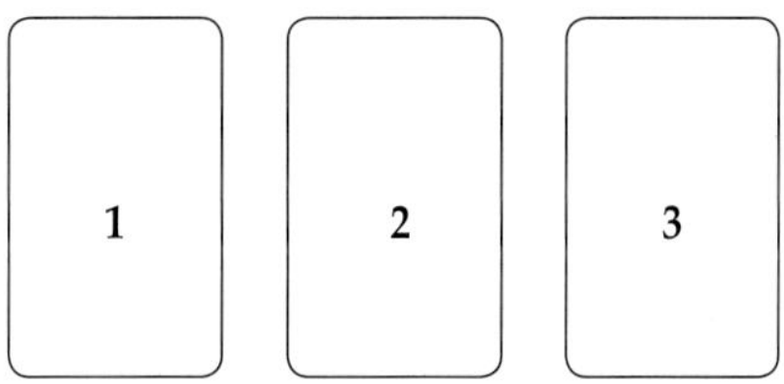

Vergangenheit *Gegenwart* *Zukunft*

6. Die Methode des Quadrats – die Karten werden um die PK (Personenkarte) gelegt

Für diese Legung gibt es zwei Möglichkeiten:

- Methode A

  Nehmen Sie die PK aus dem Stoß (28 Mann, 29 Frau) und ziehen Sie 9 Karten, die rings um die PK gelegt werden.
- Methode B

  Lassen Sie die PK im Stoß, legen Sie die 36 Karten in vier Reihen von 9 Karten auf den Tisch und betrachten Sie diese Karten, welche um die PK liegen.

Methode A: Das Neunerschema

In diesem Fall müssen wir neun Karten auswählen.

Nachdem wir die Personenkarte, die uns selbst repräsentiert, aus dem Spiel genommen und in die Mitte gelegt haben, mischen wir die restlichen 35 Karten und breiten sie mit verdeckter Bildseite vor uns auf dem Tisch aus. Wir wählen nun neun Karten, während wir uns auf die Frage konzentrieren. Anschließend legen wir die Karten aus.

Der Einfachheit halber werde ich die einzelnen Positionen nummerieren.

Die Karten der Positionen:

Nr. 1, 5 und 6 spiegeln die Vergangenheit wider,
Nr. 2, 4 und 9 die Gegenwart,
Nr. 3, 7 und 8 die Zukunft.

Pos. 1: Diese Karte repräsentiert die Vorgänge in der nahen Vergangenheit, die die gegenwärtige Situation stark beeinflussen.

Pos. 2: Diese Karte zeigt an, was Sie heute entscheidend beeinflusst.

Pos. 3: Diese Karte zeigt die zukünftige Entwicklung an.

Pos. 4: Hier sehen Sie, worauf Sie heute Einfluss haben.

Pos. 5: Diese Karte ist das Bindeglied zwischen Vergangenheit und Gegenwart sowie dazu, worauf Sie heute Einfluss haben.

Pos. 6: Dies ist die Verbindung zwischen Position 1 und Position 2 – der Vergangenheit und dem, was Sie in direkter Folge der Vergangenheit zur Zeit beeinflusst. Was sie säen, das werden Sie ernten. Hier geht es also um Ihr Karma.

Pos. 7: Diese Position zeigt die Einflüsse des Karmas, der Vergangenheit und Gegenwart auf die Zukunft.

Pos. 8: Diese Position zeigt die positiven Möglichkeiten auf, die Sie haben, um die Zukunft so vorteilhaft wie möglich zu gestalten.

Pos. 9: Diese Karte zeigt das Endresultat der heutigen Umstände oder Probleme; die Karte wird auf die Personenkarte gelegt.

Beispiel für das **Neunerschema**

Vergangenheit	*Gegenwart*	*Zukunft*
23 Mäuse	18 Hund	3 Schiff
6	**2**	**7**
4 Haus	Personen-karte + 17 Storch	1 Reiter
1	**9**	**3**
5 Baum	25 Ring	31 Sonne
5	**4**	**8**

Pos. 1: Das Haus (Nr. 4) in der Position der heutigen Situation oder der nahen Vergangenheit zeigt Ihnen, dass Probleme in Zusammenhang mit einem Haus aufgetreten sind.

Pos. 2: Die Karte Nr. 18 (Hund) symbolisiert einen treuen Freund, der Ihnen helfen möchte.

Pos. 3: Der Reiter (Nr. 1) wird in Kürze eine wichtige Nachricht überbringen.

Pos. 4: Der Ring (Nr. 25) sagt Ihnen, dass der Zeitpunkt für eine glückliche Wiedervereinigung oder für eine Ehe gekommen ist.

Pos. 5: Der Baum (Nr. 5) zeigt an, dass es mit Ihrer Gesundheit in der Vergangenheit nicht zum Besten stand und auch noch nicht viel besser geworden ist. Gönnen Sie sich genügend Ruhe und versuchen Sie, wieder zu Kräften zu kommen, denn in der Zukunft wird es in Ihrem Leben zu großen Veränderungen kommen, die Sie glücklich machen werden. Lassen Sie also den Mut nicht sinken!

Pos. 6: Die Karte Nr. 23 (Mäuse) symbolisiert in dieser Position Verlust. Der Baum (Pos. 5) weist darauf hin, dass es mit Ihrer Gesundheit nicht zum Besten steht. Ihre Lebensenergie ist angezapft worden, wodurch Sie finanzielle Einbußen erlitten haben. Da die Mäuse in der Nähe des Hauses liegen (Pos. 1), können wir rückschließen, dass jemand sehr stark von der Situation profitiert und viele Kleinigkeiten gestohlen hat. Lassen Sie Ihr Portemonnaie nicht so sorglos herumliegen, und wenn Sie mit jemandem zusammenarbeiten, müssen Sie aufpassen, dass er Sie finanziell oder in anderer Hinsicht nicht übervorteilt.

Die Mäuse können auch auf eine chronische Krankheit hinweisen, die Ihnen ständig Unannehmlichkeiten bereitet.

Diese Karte liegt zwischen dem Haus und dem

Hund (Pos. 2), sodass wir annehmen können, dass ein treuer Freund sorgsam über Sie wacht.

Pos. 7: Das Schiff (Nr. 3) kündigt eine Reise an, die sich sehr positiv auf Ihren weiteren Lebensweg auswirken wird. Da diese Karte über dem Reiter liegt (Pos. 3), könnte die wichtige Nachricht des Reiters eine Einladung zu einer weiten Reise sein.

Pos. 8: Die Sonne (Nr. 31) prophezeit Ihnen in der Zukunft sehr großes Glück. Sie können Ihrem weiteren Leben optimistisch und mit positiver Einstellung entgegentreten. Alles wird gut werden!

Pos. 9: Die Karte Nr. 17 (Storch) kündigt eine große Veränderung in Ihrem Leben an. Sie werden umziehen!

Zusammenfassung

Vergangenheit:

In Ihrer näheren Umgebung hat sich jemand an Ihnen bereichert. Ihre Gesundheit hat Ihnen in der Vergangenheit Streiche gespielt: Eine Krankheit hat Ihre Lebenskraft und Ihren Lebensmut untergraben.

Gegenwart:

Jemand mag Sie sehr gerne und wird versuchen, Ihnen zu helfen, so gut er/sie nur kann. Sie werden mit jemandem eine Beziehung eingehen, die sich als Bindung fürs Leben erweisen wird. Ihre gesamte Lebenssituation wird sich verändern, und Sie planen einen Umzug oder einen Wohnortswechsel.

Zukunft:
Sie erhalten eine Nachricht aus der Ferne, in deren Folge Sie in ein sonniges Land verreisen. Oder ein Telefonanruf ist der Anlass für eine Reise, durch welche sich Ihr Leben entscheidend verändert. Sie können mit einer günstigen finanziellen Entwicklung rechnen. Sie werden eine optimistische Einstellung zum Leben entwickeln.

Methode B: Methode der Deutung des Quadrats in den 36 ausgelegten Karten

Legen Sie alle 36 Karten in vier Reihen von neun Karten aus. Betrachten Sie, wo die Personenkarte und/oder die des Partners liegt.

Ziehen Sie in Gedanken ein Quadrat um die Personenkarte, oder betrachten Sie die an der Personenkarte angelegten Karten., sodass rund um die PK ein Quadrat entsteht.

Karten, die einander berühren, nennen wir »Begegnungskarten«.

Die Karten, welche direkt oben, unten, links und rechts von der Personenkarte liegen, zeigen die Wirklichkeit oder die Umstände, deren Sie sich bewusst sind.

Die Karten, die schräg (diagonal) von der PK liegen – links oben, links unten, rechts oben, rechts unten –, zeigen, wessen Sie sich nicht sehr bewusst sind. Es sind die Kräfte, die im Hintergrund Ihre Situation beeinflussen.

Dies ist die Grundlage der Kreuzlegung mit dem Hauptkreuz und dem Karmischen Kreuz.

Nachdem Sie das Quadrat oder die Essenz der Lage rund um die Personenkarte betrachtet haben, beginnen Sie mit der Kreuzlegung des Hauptkreuzes und Karmakreuzes.

Betrachten Sie erst Ihre Situation in der Vergangenheit, danach die Gegenwart und werfen Sie zum Abschluss einen Ausblick in die Zukunft.

7. Das Kreuz von Gegenwart, Vergangenheit und Zukunft

Die Karten werden gemischt und in vier Reihen zu jeweils neun Karten ausgelegt (siehe Beispiel).

Wenn eine Frau die Karten befragt, dann wird sie durch die Karte Nr. 29 (Dame) repräsentiert, und diese wird zu ihrer Personenkarte. Die Karte Nr. 28 (Herr) symbolisiert in diesem Fall den Mann in ihrem Leben – ihren Partner oder Geliebten.

Werden die Karten für einen Mann gedeutet, so ist die Karte Nr. 28 (Herr) die Personenkarte.
Man schaut nach, wo die Personenkarte liegt und beginnt von dort mit der Deutung.

Alle Karten, die links von der Personenkarte liegen, symbolisieren die Vergangenheit des/der Ratsuchenden, die Karten rechts von der Personenkarte die Zukunft. Die Karten unter der Personenkarte verkörpern das, was der/die

Beispiel für das **Kreuz der Vergangenheit, Gegenwart und Zukunft**, für das **Kreuz des Schicksals**, die **Methode des Quadrats** und **die vier Ecken der Legung**

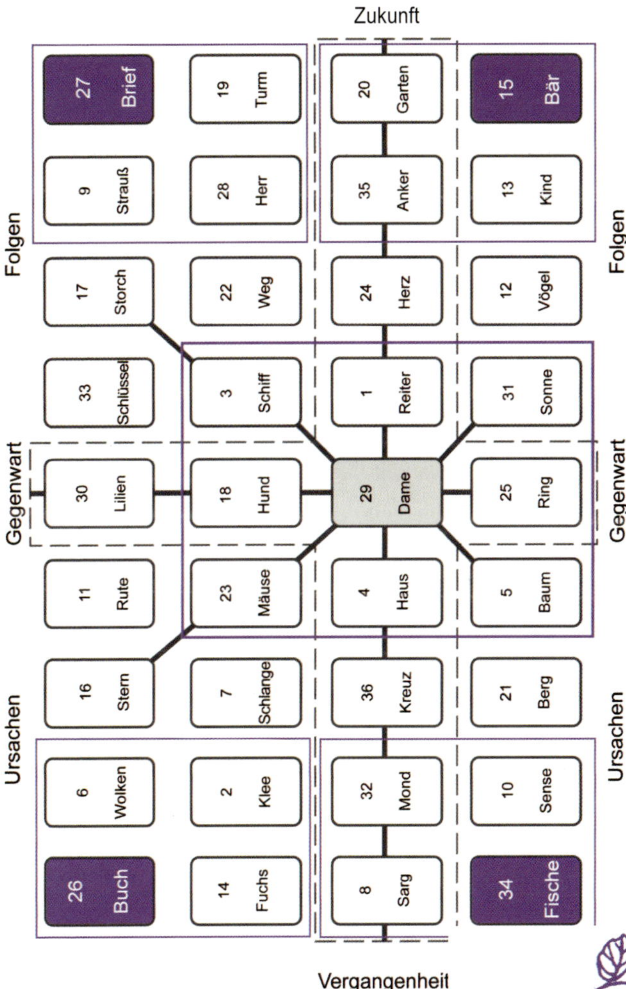

Ratsuchende selbst in der Gegenwart beeinflussen kann. Die Karten über der Personenkarte symbolisieren das, was die/der Ratsuchende in der Gegenwart zu erwarten hat.

In diesem System wird die Persönlichkeit der/des Ratsuchenden beleuchtet und – gegliedert in Vergangenheit, Gegenwart und Zukunft – gedeutet.

Beispiel für das Kreuzschema:

Gesetzt den Fall, eine unverheiratete Frau sucht Rat. Wir legen die Karten, nachdem wir sie gemischt haben, in vier Reihen zu jeweils neun Karten aus und erhalten das Schema, das auf Seite 119 abgebildet ist.

1. Zuerst betrachten wir die Personenkarte der Fragestellerin, die Karte Nr. 29 (Dame).
2. Anschließend sehen wir uns die Karten an, die von der Personenkarte ausgehend in der Vergangenheitsreihe liegen. Der Sarg (Nr. 8) deutet auf den kürzlichen Tod (oder auf die ernste Erkrankung) eines geliebten Menschen oder auf das Ende einer Beziehung hin. Die Fragestellerin hat in beruflicher Hinsicht viel Pech gehabt. Dies sehen wir an der Karte Nr. 32 (Mond). Das Kreuz (Nr. 36) sagt uns, dass eine bestimmte Episode im Berufsleben der Fragestellerin zum Abschluss gekommen ist. Sie hatte sich in ihr Haus zurückgezogen, das ihr Sicherheit und Schutz bot, wie die Karte Nr. 4 (Haus) zeigt.
3. Ihre heutige Lebenssituation sieht wesentlich positiver aus: Sie erhält Hilfe und Unterstützung von einem treuen Freund (Nr. 18, Hund), der ihr Schutz bietet und Glück schenkt (Nr. 30, Lilien).

4. Diese Freundschaft führt zu einer glücklichen Ehe, wenn die Fragestellerin dies will (Nr. 25, Ring).
5. In naher Zukunft wird sie eine wichtige Nachricht erhalten (Nr. 1, Reiter), die ihr Leben mit Liebe und Freude erfüllen wird (Nr. 24, Herz). Der Anker (Nr. 35) schenkt ihr Hoffnung und Vertrauen in die Zukunft. Die Fragestellerin wird sich in einer angenehmen künstlerischen Umgebung aufhalten, in der sie sich wohl fühlen wird (Nr. 20, Garten).
6. Für ein vollständiges Bild von der Lebenssituation der Frau sind auch die unmittelbar an das Kreuz angrenzenden Karten zu untersuchen.

8. Das Kreuz des Schicksals oder das karmische Kreuz

Bei dieser Methode wird das Schicksal der/des Ratsuchenden enthüllt und die Ursachen und Folgen ihrer/seiner Lebenssituation werden beleuchtet.

Die 36 Karten werden gemischt und allesamt in vier Reihen zu je neun Karten ausgelegt (siehe voriges Beispiel).

Von der Personenkarte aus (bei einer Frau Karte Nr. 29, bei einem Mann Karte Nr. 28) zieht man die beiden Diagonalen des Schicksalskreuzes (siehe voriges Beispiel). Die Karten, die links von der Personenkarte auf den Diagonalen liegen, geben Auskunft über die Vergangenheit des Fragestellers sowie über die Entwicklungen, die zu seiner heutigen Lebenssituation und zu seinen heutigen Problemen geführt haben.

Die Karten, die rechts von der Personenkarte auf den Diagonalen liegen, geben Auskunft über seine Zukunft. Sie zeigen, wie sich die heutige Situation des Fragestellers entwickeln wird und welche Folgen seine vergangenen Handlungen haben werden.

Das Kreuz des Schicksals gibt uns also Aufschluss über die Lebensumstände und Probleme, die der Fragesteller selbst geschaffen hat, sowie über die sich daraus ergebenden Konsequenzen für Gegenwart und Zukunft.

Beispiel für das Kreuz des Schicksals

Auch in diesem Fall legen wir die Karten nach dem Mischen in vier Reihen zu je neun Karten aus und erhalten das gleiche Bild wie auf Seite 119.

1. Nach dem Ziehen der Diagonalen sehen wir drei Karten, die in der Vergangenheit eine große Rolle gespielt haben und die heutige Situation des Fragestellers beeinflussen. Diese Karten sind Nr. 23 (Mäuse), Nr. 16 (Stern) und Nr. 5 (Baum). Sie sind verantwortlich für die aktuellen Probleme. Dies sind die Ursachen. Die Mäuse (Nr. 23) berichten über einen Diebstahl oder Verlust. Da die dritte Vergangenheitskarte der Baum (Nr. 5) ist, der Lebenskraft und Gesundheit verkörpert, können wir schließen, dass ein bestimmtes Vorhaben bedingt durch den Gesundheitszustand der Ratsuchenden (Nr. 16, Stern) erfolglos verlaufen ist.

2. Wie wirkt sich dies nun auf die Zukunft aus? Auch hier sehen wir drei Karten: Nr. 3 (Schiff), Nr. 17 (Storch) und Nr. 31 (Sonne). Das Schiff (Nr. 3) zeigt an, dass der/die Ratsuchende in naher Zukunft eine Reise unternehmen wird, die sein/ihr Leben vollständig verändern wird (Nr. 17, Storch). Die Sonne (Nr. 31) weist auf eine positive Entwicklung im Leben dieser Person hin. Alle Vorhaben werden von Erfolg gekrönt sein, und er/sie wird ein Vermögen anhäufen.

9. Personenkarte am Rande des Kartenspiels

Liegt die Personenkarte (PK) ganz oben am Rande des Spiels, dann haben Sie Ihre Lage unter Kontrolle. Liegt die PK ganz rechts vom Spiel, dann kann das bedeuten, dass Sie sich nur für die Zukunft interessieren und die Vergangenheit hinter sich lassen wollen.

Liegt die Karte dagegen ganz unten am Rande des Spiels, dann werden Dinge geschehen, ohne dass Sie darauf Einfluss nehmen können. Liegt die PK ganz rechts am Rande des Spiels, so bleiben Sie zu sehr in der Vergangenheit verhaftet und haben wenig Interesse an der Zukunft.

Liegt der Storch an einem der vier Ränder des Spiels, so kündigt er für Sie oder den Partner eine Veränderung an.

10. Das Stellen einer besonderen Frage

Sind alle Karten des Haupt- und Karmakreuzes gedeutet, kehren Sie zu Ihrer Fragestellung zurück. Wenn es sich z. B. um die Frage der Liebe handelt, betrachten Sie die Karten, die das Quadrat um das Herz bilden. Sie erklären uns, wie die Romanze ausschaut und wie sie sich entwickelt.

Denken Sie nicht an die Deutung des gerade gelernten Haupt- oder Karmakreuzes. Verweilen Sie nur bei der Karte und dem Quadrat. Die Karte oberhalb der PK erzählt, was Sie in der Gegenwart zu erwarten haben. Die Karte unterhalb der PK erzählt Ihnen, was Sie in der Liebe unter Kontrolle haben. Die Karte links erwähnt die Ursache der Romanze und die Karte rechts von der PK symbolisiert die Entwicklung in der Zukunft.

11. Die vier Ecken der Legung

Wir betrachten die vier Ecken der 36 Karten. Die Eckkarte ganz links oben sagt etwas aus über die Ursachen Ihrer Lebenslage. Die Eckkarte ganz rechts oben berichtet, wie die Lage sich in der Vergangenheit entwickelt hat. Die Eckkarte ganz rechts unten sagt, wie sich die Lage im Augenblick entwickelt. Die Eckkarte links unten gewährt Ihnen Einblicke in die zukünftige Entwicklung. Auch hier lassen Sie die gelernte Deutung des Karmakreuzes außer Acht.

Die Karten der vier Ecken geben eine kurze Übersicht Ihrer Lebenslage, die Ursache, die gegenwärtigen Umstände und die Folge für die Zukunft. Die drei Begegnungskarten rund um die Eckkarten erzählen mehr über die Eckkarten selbst.

12. Die Begegnungskarten im Quadrat für die Liebe

a) Schlüsselwörter

Jede Lenormandkarte hat eine besondere Bedeutung und zeigt eine Situation unseres Lebens an. Haben Sie eine Frage bezüglich einer bestimmten Angelegenheit, dann betrachten Sie erst die Schlüsselwörter der Karte, die Ihre Frage betrifft.

Liebe ist für uns alle sehr wichtig. Deshalb zeige ich hier auch die Methode, um herauszufinden, was wir in der Liebe erwarten können.

Die Herz-Karte symbolisiert die Liebe.
Schlüsselwörter für die Herz-Karte, Herz-Bube oder Karte 24: Liebe, Romanze, Freude, das physische Herz.

b) Begegnungskarten

Die Karten, die neben, oben, unten oder diagonal die Fragekarte berühren, nennen wir Begegungskarten.

Ein Beispiel: Sie wollen mehr über die Liebe wissen, dann ist die Herz-Karte (Karte 24) die Fragekarte.

In der Deutung bekommen manche Begegnungskarten noch eine gesonderte Bedeutung. Dominieren Kreuz-, Karo-, Pik- oder Herz-Karten, dann wissen Sie nun, in welchem Bereich die Fragekarte gedeutet werden muss.

Zum Beispiel in der Liebe – Herz-Karte (Herz-Bube, Karte 24): Sind die Herz-Karten in dem Quadrat dominant, so bedeutet dies: großes Glück in der Liebe.

c) Karten mit einer besonderen Bedeutung für die Liebe

Falls besonders viele Karten einer Farbe (Herz, Kreuz, Pik, Karo) im Quadrat um die Herz-Karte (Herz-Bube, Karte 24) liegen, so ist die Farbaussage von besonderer Bedeutung (siehe »Die Farben im Lenormandspiel«, Seite 100 ff.).

Falls eine Karte noch eine besondere Bedeutung (positiv oder negativ) hat als Karte zum Thema (in diesem Fall die Liebe), dann wird diese Karte laut dieser besonderen Bedeutung gedeutet (siehe nächste Seite).

Beispiel Mäuse (Kreuz-Sieben, Karte 23): Eine Karte mit negativer Botschaft, die in dem Quadrat um die Herzkarte (Herz-Bube, Karte 24) liegt, warnt vor einem Rivalen in der Liebe oder sie warnt davor, vom Partner verlassen zu werden und sich dadurch verloren zu fühlen oder auch vor einem Partner, der uns sehr viel Energie kostet.

d) Fragen über die Liebe

Fragekarte: Herz-Bube, Karte 24
Dominante Kartenfarben:

Herz	Glück in der Liebe
Kreuz	Partnertreue
Karo	Entfremdung des Partners
Pik	Liebesleid

e) Karten mit einer besonderen Bedeutung im Quadrat bezüglich der Liebe

Herz

Karte 4 – Haus, Herz-König

Eine besondere Begegnung mit einem charmanten Herrn für die Fragestellerin. Der Fragesteller sollte sich vor Rivalen in Acht nehmen.

Karte 5 – Baum, Herz-Sieben

Eheschluss oder neue Beziehung für einen Junggesellen.

Karte 17 – Storch, Herz-Dame

Eine Rivalin für die Fragestellerin, aber große Liebe für den Fragesteller.

Kreuz

Karte 6 – Wolken, Kreuz-König

Liebesgefühle der Fragestellerin werden erwidert. Ein Fragesteller jedoch sollte sich vor einem Rivalen in der Liebe hüten.

Karte 7 – Schlange, Kreuz-Dame

Warnung für die Fragestellerin hinsichtliche einer gefährlichen Rivalin. Einen Fragesteller erwartet eine stürmische Liebesgeschichte.

Karte 11 – Rute, Kreuz-Bube

Ein Verehrer für die Fragestellerin. Für den Fragesteller Liebesprobleme.

Karte 23 – Mäuse, Kreuz-Sieben

Eine ungefährliche Konkurrentin für die Fragestellerin.

Karo

Karte 12 – Vögel, Karo-Sieben

Die Fragestellerin muss mit einem eifersüchtigen Familienmitglied oder Kollegen rechnen. Ein Fragesteller hat eine eifersüchtige Frau in seiner Umgebung.

Karte 22 – Weg, Karo-Dame

Der Fragestellerin steht eine wichtige Entscheidung in der Liebe bevor (eine Frau aus dem Ausland oder Konkurrenz in der Liebe oder eine Frau mit einem komplizierten Charakter). Für den Fragesteller steht die Qual der Wahl in der Liebe an, er kommt mit einer Frau aus dem Ausland zusammen oder mit einer besitzergreifenden Dame.

Karte 34 – Fische, Karo-König

Begegnung mit einem Mann aus dem Ausland oder einem Geschäftsman mit einem eifersüchtigen Charkter. Der Fragesteller hat mit einem Ausländer zu tun oder einem bedeutsamen Rivalen.

Pik

Karte 9 – Blumenstrauß, Pik-Dame

Eine eifersüchtige oder unbequeme ältere oder dunkelhaarige Dame für die Fragestellerin. Für den Fragesteller eine ältere oder geschiedene Frau.

Karte 27 – Brief, Pik-Sieben

Liebesleid fûr die Fragestellerin durch eine Rivalin. Ein Fragesteller rechnet mit einer untreuen Geliebten ab.

Karte 30 – Lilien, Pik-König

Begegnung der Fragestellerin mit einem ältern Herrn, der ihr Schutz und Unterstützung anbietet. Ein Fragesteller sollte Acht geben auf einen älteren Rivalen in der Liebe.

13. Die traditionelle »Weit entfernt – nahebei«-Methode

In diesem Fall schauen wir uns die Bedeutung jeder einzelnen Karte sowie die Beziehungen der Karten untereinander an. Wichtig ist vor allem die Beziehung der Karten zur Personenkarte und zu den Wolken (Nr. 6).

Wir verwenden alle 36 Karten und legen sie in vier Reihen mit jeweils acht sowie einer Reihe mit vier Karten aus (siehe Abbildung auf der folgenden Seite).

Dann schauen wir uns an, wie sich die Karten gegenseitig beziehungsweise die Personenkarte beeinflussen.

Zur Veranschaulichung hier ein Beispiel:

Beispiel für das »**Weit entfernt – nahebei**«-Schema

20 Garten	13 Kind	23 Mäuse	4 Haus	3 Schiff	10 Sense	5 Baum	15 Bär
17 Storch	26 Buch	**29 Dame**	27 Brief	30 Lilien	25 Ring	35 Anker	34 Fische
19 Turm	33 Schlüssel	11 Rute	1 Reiter	31 Sonne	12 Vögel	7 Schlange	8 Sarg
16 Stern	14 Fuchs	21 Berg	24 Herz	**6 Wolken**	9 Strauß	36 Kreuz	2 Klee
		22 Weg	**28 Herr**	32 Mond	18 Hund		

Zur Erleichterung interpretieren wir die Karten einzeln und zwar in der Reihenfolge von 1 bis 36. Wir beginnen bei der Karte-Nr. 1 (Reiter): Wir suchen diese Karte im Schema und stellen fest, ob sie in der Nähe der Personenkarte (PK) oder weit von ihr entfernt liegt.

Manche Karten, wie die Wolken (Nr. 6), der Ring (Nr. 25) und das Kind (Nr. 13) müssen besonders sorgfältig interpretiert werden. Bei den Wolken müssen wir darauf achten, welche Karte neben der dunklen Seite der Wolken liegt, da diese negativ beeinflusst wird. Der Ring zur rechten Seite der PK prophezeit eine glückliche Ehe. Das muss jedoch nicht in jedem Fall zutreffen. Wir müssen auch berücksichtigen, welche Karten den Ring umgeben. Sind sie negativ, so muss diese Karte ebenfalls negativ gedeutet werden. In jedem Fall jedoch weist der Ring an der rechten Seite der PK darauf hin, dass die Ehe im Leben der/des Ratsuchenden eine wichtige Rolle spielen wird.

Bevor wir mit der Deutung der Karten beginnen, sollten wir uns informieren, ob die/der Ratsuchende einen Partner oder ein Kind hat. Dies müssen wir bei der Interpretation berücksichtigen. Das Kind wird dann natürlich durch die Karte Nr. 13 (Kind) symbolisiert. Diese Karte hat aber auch noch eine andere Bedeutung: Sie symbolisiert die Herzenswünsche, weshalb wir hier bei der Deutung vorsichtig sein müssen.

Zu viele Fragen sollte man der/dem Ratsuchenden jedoch nicht stellen, sonst könnte die Interpretation an Glaubwürdigkeit verlieren.

a) Kurze Interpretation der Schlüsselbegriffe für die traditionelle »Weit entfernt – nahebei«-Methode

	nahe der PK	**entfernt von der PK**
1 Der Reiter	Gute Nachricht aus der Umgebung.	Gute Nachricht aus dem Ausland.
2 Der Klee	Sorgen werden sich auflösen.	Unterminierung.
3 Das Schiff	Eine Reise steht bevor.	Erfolgschancen.
4 Das Haus	Liegt das Haus in der Mitte des Schemas und unter der PK: Nehmen Sie sich vor Ihrer Umgebung und Ihren Nachbarn in Acht, seien Sie vorsichtig!	
5 Der Baum	Achten Sie auf Ihre Gesundheit.	Gute Gesundheit.
6 Die Wolken	Links neben der PK, neben dem hellen Teil: Alles kann noch gut werden.	Rechts neben der PK, neben dem dunklen Teil: Große Sorgen und Hindernisse.
7 Die Schlange	Verrat, Betrug und Eifersucht.	Seien Sie gewarnt!

	nahe der PK	entfernt von der PK
8 Der Sarg	Schwere Krankheit, Tod, Verlust großer Summen Geld, Mutlosigkeit.	Das Ende eines Zustandes.
9 Der Blumenstrauß	Glück und Zufriedenheit im Alltag.	Freundlichkeit.
10 Die Sense	Eine drohende Gefahr.	Verteidigung, Warnung.
11 Die Rute	Zank und Streit in der Familie, mit Freunden und/oder in Liebesbeziehungen; eine chronische Krankheit.	Schauen Sie sich die umliegenden Karten an, um festzustellen, woher Ihnen die Disharmonie droht.
12 Die Vögel	Schwierigkeiten und Enttäuschungen von kurzer Dauer.	Eine kurze, glückliche und unerwartete Reise.
13 Das Kind	Anerkennung, Beliebtheit, Achtung.	Freundlichkeit und Nachdenklichkeit.
14 Der Fuchs	Betrug und eine Falle, die man Ihnen in Ihrer Umgebung stellt.	Sehen Sie sich die umliegenden Karten an, dann erfahren Sie, wer Sie in die Falle locken will.

	nahe der PK	entfernt von der PK
15 Der Bär	Hilfe von einer starken Persönlichkeit.	Betrug, Eifersucht und Neid; Gerede hinter Ihrem Rücken.
16 Der Stern	Erfolgreiche Unternehmungen.	Liegen die Wolken oder andere Karten mit einer ungünstigen Bedeutung in der Nähe, so müssen Sie mit einer langen Pechsträhne rechnen.
17 Der Storch	Wohnortswechsel.	Ein Umzug verzögert sich oder wird aufgeschoben; ein stabiler Zustand.
18 Der Hund	Schutz durch treue Freunde.	Liegen Karten mit ungünstiger Bedeutung oder die Wolken in der Nähe, so lautet die Botschaft: trügerische Freundschaften und falsche Freunde.

	nahe der PK	**entfernt von der PK**
19 Der Turm	Ein langes Leben.	In der Nähe von Karten mit ungünstiger Bedeutung: Invalidität, schwere Krankheit, Tod.
20 Der Garten	Kleine Feste und Zusammenkünfte; Anbahnung neuer Freundschaften.	Warnung vor falschen Freunden.
21 Der Berg	Widerstand und Feindschaft.	Schutz durch Freunde bei Gefahr;
22 Der Weg	Eine schwere Wahl; ein Scheideweg im Leben.	Eine Lösung für ein schwieriges Problem muss gefunden werden.
23 Die Mäuse	Verlorenes oder Gestohlenes wird wiedergefunden.	Ein unersetzlicher Verlust.
24 Das Herz	Eine glückliche Romanze.	Einsamkeit.
25 Der Ring	Rechts von der PK: Eine glückliche Ehe und ein glückliches Leben.	Links von der PK: Eine aufgelöste Verlobung, eine Scheidung.

	nahe der PK	entfernt von der PK
26 Das Buch	Ein Geheimnis, das Sorgen und Leid bringen wird.	Sie entdecken etwas Geheimnisvolles, aber nichts Negatives.
27 Der Brief	Gute Nachricht aus dem Ausland; In der Nähe der Wolken oder anderer ungünstiger Karten: Schlechte Nachrichten.	
28 Der Herr		Der Mann, Gatte oder Freund.
29 Die Dame		Die Frau, Gattin oder Freundin.
30 Die Lilien	Über der PK: Tugendhaftigkeit, gute Laune und eine moralische Lebenseinstellung.	Unter der PK: Unsicherheit, Kummer und familiäre Schwierigkeiten.
31 Die Sonne	Glück und gute Zukunftsaussichten.	Enttäuschungen, Mutlosigkeit und Misserfolg in allen Unternehmungen.
32 Der Mond	Respekt, Anerkennung und Auszeichnungen.	Unzufriedenheit, Kummer und Mangel an Anerkennung.

	nahe der PK	entfernt von der PK
33 Der Schlüssel	Erfolg bei neuen Vorhaben und beim Erreichen der eigenen Ziele.	Misserfolg, große Schwierigkeiten, Misslingen von Plänen, Mutlosigkeit.
34 Die Fische	Reichtum, Erfolg, Glück; Ziele werden erreicht.	Schwierigkeiten bei der Verwirklichung neuer Pläne.
35 Der Anker	Lebenslange Treue in der Liebe, Erfolg im Geschäftsleben, eine positive berufliche Entwicklung.	Instabilität in der Liebe.
36 Das Kreuz	Missgeschick und kurzzeitiges Leid; Misserfolg, große Schwierigkeiten, Misslingen von Plänen, Mutlosigkeit.	Die Karten, die das Kreuz umgeben, geben nähere Auskunft über die Art des Leids.

Beispiel für eine Frau

20 Garten	13 Kind	23 Mäuse	4 Haus	3 Schiff	10 Sense	5 Baum	15 Bär
17 Storch	26 Buch	**29** Dame	27 Brief	30 Lilien	25 Ring	35 Anker	34 Fische
19 Turm	33 Schlüssel	11 Rute	1 Reiter	31 Sonne	12 Vögel	7 Schlange	8 Sarg
16 Stern	14 Fuchs	21 Berg	24 Herz	**6** Wolken	9 Strauß	36 Kreuz	2 Klee
		22 Weg	**28** Herr	32 Mond	18 Hund		

Karte 1 – Der Reiter

Liegt nahe bei der Fragestellerin: Neuigkeiten werden ihr in der eigenen Wohnung übermittelt werden (Nr. 4, Haus und Nr. 1, Reiter), die ihr Glück bringen werden (Nr. 30, Lilien).

Karte 2 – Der Klee

Liegt weit entfernt: Die Fragestellerin wird Enttäuschungen einstecken müssen, verursacht durch eine eifersüchtige Person (Nr. 7, Schlange), wodurch eine bestimmte Phase und eine bestimmte Situation in ihrem Leben zuende gehen werden (Nr. 8, Sarg und Nr. 36, Kreuz).

Karte 3 – Das Schiff

Liegt in der Nähe der Personenkarte: Die Fragestellerin wird von jemandem beschützt werden (Nr. 30, Lilien), der von weither (Nr. 3, Schiff) zu ihr nach Hause (Nr. 4, Haus) kommen wird, woraufhin sie mit einem anderen Menschen brechen wird (Nr. 10, Sense).

Karte 4 – Das Haus

Nach einem Verlust (Nr. 23, Mäuse) im eigenen Haus wartet nun das Glück auf sie (Nr. 4, Haus) in Form einer Nachricht (Nr. 27, Brief), die von weither kommt (Nr. 3, Schiff).

Karte 5 – Der Baum

Die Gesundheit der Ratsuchenden ist gut, aber sie muss aufpassen, dass sie nicht durch Liebeskummer (Nr. 35, Anker) psychisch »gebrochen« wird (Nr. 10, Sense), verursacht durch eine neidische Person. Doch wird ihr eine Mutterfigur (Nr. 15, Bär) zu Hilfe kommen.

Karte 6 – Die Wolken

Liegen neben dem Geliebten (Nr. 24, Herz und Nr. 28, Herr) und nicht weit von der Fragestellerin entfernt: Ihr Glück und ihre gute Laune (Nr. 31, Sonne) werden getrübt werden (Nr. 6, Wolken) durch einen Geliebten (Nr. 24, Herz), der ihr ihren beruflichen Erfolg (Nr. 9, Blumenstrauß) nicht gönnt (Nr. 32, Mond).

Karte 7 – Die Schlange

Liegt relativ weit von der Fragestellerin entfernt: Sie wird über der Situation stehen. Dennoch ist klar zu erkennen, dass eine eifersüchtige Person (Nr. 7, Schlange) Schwierigkeiten (Nr. 12, Vögel) machen wird, weshalb die Fragestellerin auf Enttäuschung in der Liebe (Nr. 35, Anker) gefasst sein muss. Sie wird dem ein Ende setzen (Nr. 8, Sarg), und dies wird gleichzeitig auch das Ende einer bestimmten Phase ihres Lebens (Nr. 36, Kreuz) bedeuten.

Karte 8 – Der Sarg

Deutet auf das Ende einer Situation (Nr. 8, Sarg) mit einer eifersüchtigen Person (Nr. 7, Schlange) hin, die dem Glück der Ratsuchenden im Wege steht (Nr. 2, Klee) und ihre Pläne zu durchkreuzen versucht (Nr. 34, Fische).

Karte 9 – Der Blumenstrauß

Kündigt Schwierigkeiten (Nr. 12, Vögel) und Sorgen (Nr. 6, Wolken) in Liebe und Freundschaft (Nr. 9, Blumenstrauß und Nr. 18, Hund) an, wodurch eine Beziehung zuende gehen wird (Nr. 36, Kreuz).

Karte 10 – Die Sense

Durch eine Reise oder durch erworbenen Reichtum (Nr. 3, Schiff) wird es zu einem Bruch (Nr. 10, Sense) in der Liebesbeziehung oder Ehe (Nr. 25, Ring) der Fragestellerin kommen, worüber sie sich unglücklich fühlen wird (Nr. 5, Baum).

Karte 11 – Die Rute

Infolge einer Nachricht (Nr. 1, Reiter) wird die Fragestellerin (Nr. 29, Dame) beim Verwirklichen ihrer Herzenswünsche (Nr. 33, Schlüssel) mit Streit (Nr. 11, Rute) und Widerstand (Nr. 21, Berg) konfrontiert werden.

Karte 12 – Die Vögel

Schwierigkeiten (Nr. 12, Vögel) mit einem Geliebten (Nr. 25, Ring und Nr. 9, Blumenstrauß) und einer eifersüchtigen Person (Nr. 7, Schlange), die dem Glück (Nr. 31, Sonne) im Wege steht (Nr. 6, Wolken), bahnen sich an.

Karte 13 – Das Kind

Ihre geheimen (Nr. 26, Buch) Herzenswünsche (Nr. 13, Kind) werden ihr in einer großen Gesellschaft (Nr. 20, Garten) genommen werden (Nr. 23, Mäuse). Falls wir zu Anfang der Sitzung von der Fragestellerin erfahren haben, dass sie ein Kind hat, könnten wir auch deuten, dass ein Kind, das studiert (Nr. 26, Buch), auf einer großen Gesellschaft oder auf einem Fest (Nr. 20, Garten) bestohlen werden wird (Nr. 23, Mäuse).

Karte 14 – Der Fuchs

Die Fragestellerin hat bestimmte Pläne, die sie in die Tat umsetzen will (Nr. 33, Schlüssel und Nr. 16, Stern), wobei sie jedoch auf großen Widerstand (Nr. 21, Berg) stoßen wird – Menschen aus ihrer nächsten Umgebung versuchen, sie zu betrügen (Nr. 14, Fuchs).

Karte 15 – Der Bär

Liegt weit von der Fragestellerin entfernt: Sie muss sich vor Menschen hüten, die sie um ihren Wohlstand (Nr. 34, Fische) beneiden, was zur Folge haben wird, dass sie sich unglücklich fühlt (Nr. 5, Baum).

Karte 16 – Der Stern

Die Fragestellerin hat Aussichten auf Erfolg in ihren Unternehmungen (Nr. 16, Stern), wodurch sich ihr Leben (Nr. 19, Turm) verändern könnte (Nr. 17, Storch). Sie muss sich allerdings hüten, jedem beliebigen Menschen in ihrer Umgebung zu vertrauen (Nr. 14, Fuchs).

Karte 17 – Der Storch

Das Leben der Fragestellerin (Nr. 19, Turm) hat sich durch einen Umzug (Nr. 17, Storch) oder durch ihre Aufnahme in eine große und vornehme Gesellschaft (Nr. 20, Garten) verändert, wobei sie entweder sehr diskret vorgegangen ist oder ein Studium begonnen hat (Nr. 26, Buch).

Karte 18 – Der Hund

Liegt weit von der Fragestellerin entfernt: Eine Freundschaft wird schwer belastet werden (Nr. 6, Wolken und Nr. 9, Blumenstrauß), was ihren weiteren beruflichen Werdegang (Nr. 32, Mond) überschatten wird (Nr. 6, Wolken).

Karte 19 – Der Turm
Das Leben der Fragestellerin wird infolge eines Neuanfangs (Nr. 33, Schlüssel) in bestimmten Unternehmungen (Nr. 16, Stern) eine neue Wendung nehmen (Nr. 17, Storch).

Karte 20 – Der Garten
Die Fragestellerin wird bei einer Zusammenkunft neue Freunde kennen lernen (Nr. 20, Garten und Nr. 13, Kind), was ihre Lebenssituation verändern wird (Nr. 19, Turm, und Nr. 17, Storch).

Karte 21 – Der Berg
Liegt in der Nähe der Fragestellerin: Widerstand, Betrug und Streit (Nr. 21, Berg, Nr. 14, Fuchs und Nr. 11, Rute) in Verbindung mit einem Geliebten (Nr. 24, Herz) werden sie vor eine wichtige Entscheidung stellen (Nr. 22, Weg).

Karte 22 – Der Weg
Liegt nicht weit von der Personenkarte und den Wolken entfernt: Ein Geliebter (Nr. 24, Herz und Nr. 28, Herr) wird der Fragestellerin Widerstand (Nr. 21, Berg) entgegensetzen.

Karte 23 – Die Mäuse:
Liegen in der Nähe der Personenkarte. Die Ratsuchende wird das, was man ihr genommen oder was sie verloren hat, im Hause (Nr. 4, Haus) zurückerhalten. Das Verlorene steht mit einem Kind oder mit bestimmten Herzenswünschen (Nr. 13, Kind) in Zusammenhang.

Karte 24 – Das Herz

Durch Nachrichten (Nr. 1, Reiter), die sie optimistisch (Nr. 31, Sonne) stimmen müssten, kommt es zu Streit (Nr. 11, Rute) und Behinderung (Nr. 21, Berg) in Verbindung mit dem Partner (Nr. 24, Herz und Nr. 28, Herr), was viele Schwierigkeiten (Nr. 6, Wolken) bei der Verwirklichung bestimmter beruflicher Pläne (Nr. 32, Mond) heraufbeschwören wird.

Karte 25 – Der Ring

Es wird zu einem Bruch in einer Liebesbeziehung kommen (Nr. 10, Sense und Nr. 25, Ring). Infolgedessen wird die Fragestellerin in der Liebe (Nr. 12, Vögel und Nr. 35, Anker) enttäuscht werden. Doch eine einflussreiche Persönlichkeit, die von weither kommt (Nr. 30, Lilien und Nr. 3, Schiff), wird sie beschützen. Liegt der Ring rechts von der Personenkarte, so wird ihr für die Zukunft eine glückliche Ehe in Wohlstand prophezeit, die nichts mit der heutigen Beziehung zu tun hat.

Karte 26 – Das Buch

Steht mit geheimen Herzenswünschen (Nr. 26, Buch, Nr. 33, Schlüssel und Nr. 13, Kind) in Zusammenhang, die sich verändern werden (Nr. 17, Storch). Möglicherweise wünscht sich die Fragestellerin insgeheim ein Kind (Nr. 26, Buch, Nr. 13, Kind, Nr. 17, Storch und Nr. 29, Personenkarte), verbunden mit der Hoffnung, dass sich ihr Leben dadurch verändern wird (Nr. 17, Storch).

Karte 27 – Der Brief

Gute Nachrichten sind in der eigenen Wohnung zu erwarten (Nr. 27, Brief und Nr. 1, Reiter), zum Beispiel durch einen Telefonanruf. Die Nachricht wird der Frau zu beruflichen Fortschritten und zu Glück verhelfen (Nr. 30, Lilien).

Karte 28 – Der Herr

Repräsentiert den Geliebten (Nr. 24, Herz) der Fragestellerin. Er wird in seiner eigenen beruflichen Karriere Hilfe von einem Freund erhalten (Nr. 32, Mond und Nr. 18, Hund). Doch werden Hindernisse auftauchen (Nr. 6, Wolken), was ihn in seinem Leben vor eine wichtige Entscheidung stellen wird (Nr. 22, Weg).

Karte 29 – Die Dame

Ist die Fragestellerin selbst. Sie muss sich vor Diebstahl in Acht nehmen und sollte feststellen, ob sie etwas verloren hat (Nr. 23, Mäuse). Man wird ihr Dokumente zusenden (Nr. 27, Brief und Nr. 26, Buch), durch die es zu Zwietracht kommen wird (Nr. 11, Rute).

Karte 30 – Die Lilien

Eine Nachricht aus der Ferne wird die Fragestellerin glücklich machen (Nr. 30, Lilien, Nr. 27, Brief und Nr. 3, Schiff). Durch eine geschäftliche Partnerschaft mit einem Menschen (Nr. 25, Ring und Nr. 30, Lilien), der sie fördert, wird sie das Glück auf ihrer Seite haben (Nr. 31, Sonne).

Karte 31 – Die Sonne

Eine Nachricht, die sie glücklich machen wird (Nr. 1, Reiter und Nr. 30, Lilien), wird Schwierigkeiten verursachen (Nr. 12, Vögel), und sie wird gewisse Hindernisse überwinden müssen (Nr. 6, Wolken).

Karte 32 – Der Mond

Liegt weit von der Personenkarte entfernt, aber neben der Karte des Partners (Nr. 28, Herr): Ein Geliebter (Nr. 6, Wolken und Nr. 28, Herr) wird ihren beruflichen Erfolg behindern, doch sie wird von einem Freund unterstützt werden, der ihr helfen möchte (Nr. 18, Hund und Nr. 9, Blumenstrauß).

Karte 33 – Der Schlüssel

Die geheimen Herzenswünsche (Nr. 26, Buch und Nr. 33, Schlüssel) werden sabotiert werden durch Streit (Nr. 11, Rute) mit hinterlistigen Menschen (Nr. 14, Fuchs). Doch wird sie in ihrem Leben (Nr. 19, Turm) einen Neuanfang (Nr. 33, Schlüssel) machen können.

Karte 34 – Die Fische

Liegen weit von der Fragestellerin entfernt: Ihre gut vorbereiteten Zukunftspläne mit einem Geliebten (Nr. 34, Fische, und Nr. 35, Anker) werden zunichte gemacht (Nr. 8, Sarg) von jemandem, der sehr neidisch auf sie ist (Nr. 15, Bär). Andererseits prophezeit diese Karte auch, dass sich ihr Reichtum durch die Hilfe einer starken Persönlichkeit (Nr. 15, Bär) vermehren wird (Nr. 34, Fische).

Karte 35 – Der Anker

Liegt nicht in der Nähe der Fragestellerin: Das bedeutet, dass sie in der Liebe Schwierigkeiten mit einer eifersüchtigen Person bekommen wird (Nr. 7, Schlange), die ihre Ehe (Nr. 25, Ring) bedrohen wird. Infolgedessen wird sie sich unglücklich fühlen (Nr. 5, Baum). Doch werden erfolgreiche Handelstransaktionen ihr viel Geld einbringen (Nr. 35, Anker und Nr. 34, Fische).

Karte 36 – Das Kreuz:

Glück und Zufriedenheit in Liebe und Freundschaft (Nr. 2,Klee, und Nr. 9, Blumenstrauß) werden von einem eifersüchtigen Menschen (Nr. 7, Schlange) bedroht werden, wodurch eine bestimmte Phase in ihrem Leben zu Ende gehen wird (Nr. 36, Kreuz).

Beispiel für einen Mann

17 Storch	36 Kreuz	35 Anker	8 Sarg	7 Schlange	13 Kind	12 Vögel	11 Rute	10 Sense
23 Mäuse	22 Weg	**29 Dame**	**28 Herr**	15 Bär	14 Fuchs	24 Herz	9 Strauß	19 Turm
18 Hund	31 Sonne	30 Lilien	20 Garten	27 Brief	26 Buch	25 Ring	21 Berg	**6 Wolken**
34 Fische	33 Schlüssel	32 Mond	5 Baum	2 Klee	1 Reiter	16 Stern	4 Haus	3 Schiff

Karte 1 – Der Reiter

Gute Nachrichten aus dem Ausland (Nr. 27, Brief) durch einen Telefonanruf, der den Fragesteller zu Hause erreicht (Nr. 1, Reiter). Er wird dadurch Dinge erfahren, die bisher sorgsam vor ihm verborgen wurden (Nr. 26, Buch). Seine Sorgen werden sich auflösen (Nr. 2, Klee), und er kann auf eine glückliche Ehe und ein glückliches Leben (Nr. 25, Ring und Nr. 24, Herz) hoffen, was ihm zu Erfolg in seinen Unternehmungen verhelfen wird (Nr. 16, Stern).

Karte 2 – Der Klee

Sorgen werden sich auflösen (Nr. 2, Klee) durch gute Nachrichten aus dem Ausland (Nr. 27, Brief und Nr. 1, Reiter), die sich auf bisher sorgfältig geheimgehalte ne Angelegenheiten beziehen (Nr. 26, Buch). Der Brief enthält Mitteilungen über Feste, Zusammenkünfte und neue freundschaftliche Beziehungen (Nr. 20, Garten), wodurch sich der Fragesteller besser fühlen wird (Nr. 5, Baum).

Karte 3 – Das Schiff

Wenig Aussichten auf Erfolg (Nr. 3, Schiff) hinsichtlich häuslicher Angelegenheiten (Nr. 4, Haus), bedingt durch Widerstand (Nr. 21, Berg) und Schwierigkeiten (Nr. 6, Wolken).

Karte 4 – Das Haus

Zu Hause (Nr. 4, Haus) wird dem Fragesteller großer Widerstand entgegengesetzt (Nr. 21, Berg) im Zusammenhang mit Partnerschaft (Nr. 25, Ring) und neuen Vorhaben (Nr. 16, Stern), wobei er Misserfolge (Nr. 16, Stern und Nr. 6, Wolken) einstecken muss. Die Schwierigkeiten (Nr. 6, Wolken) und der Widerstand (Nr. 21, Berg) beziehen sich auf ein Haus (Nr. 4, Haus), das weit vom Fragesteller entfernt ist (Nr. 3, Schiff). Er wird in seinem Leben (Nr. 19, Turm) von Freunden (Nr. 9, Blumenstrauß) beschützt.

Karte 5 – Der Baum

Der Fragesteller muss auf seine Gesundheit achten (Nr. 5, Baum) in einer schönen Umgebung, in der Menschen zusammenkommen (Nr. 20, Garten), die sowohl mit seiner Karriere (Nr. 32, Mond) als auch mit Privatangelegenheiten (Nr. 30, Lilien) zu tun haben. Sorgen werden sich auflösen (Nr. 2, Klee) durch Neuigkeiten aus dem Ausland (Nr. 27, Brief).

Karte 6 – Die Wolken

Er braucht im Leben keine allzu großen Hindernisse zu überwinden (Nr. 6, Wolken, liegen weit von der Personenkarte entfernt). Doch um im Leben (Nr. 19, Turm) Erfolg (Nr. 3, Schiff) zu haben, wird er beträchtliche Schwierigkeiten überwinden müssen (Nr. 19, Turm und Nr. 6, Wolken) liegen nahe beieinander). Die Probleme entstehen durch Widerstand (Nr. 21, Berg) in einem Haus, das weit entfernt von seinem jetzigen Wohnort liegt (Nr. 4, Haus und Nr. 3, Schiff).

Karte 7 – Die Schlange

Durch Betrug und Verrat von Seiten einer eifersüchtigen Person (Nr. 7, Schlange) verliert der Fragesteller viel Geld (Nr. 8, Sarg und Nr. 35, Anker), doch hilft ihm eine starke Persönlichkeit (Nr. 15, Bär), einer Falle auszuweichen (Nr. 14, Fuchs). Aufgrund dieser Falle könnte seine Beliebtheit Schaden erleiden (Nr. 13, Kind).

Karte 8 – Der Sarg

Verlust großer Geldsummen und der Treue des Partners (Nr. 8, Sarg, Nr. 35, Anker und Nr. 29, Dame) durch die Eifersucht einer verräterischen Person (Nr. 7, Schlange). Er erhält Hilfe von einem starken Menschen (Nr. 15, Bär).

Karte 9 – Der Blumenstrauß

Seine Freundlichkeit und sein gutes Herz (Nr. 9, Blumenstrauß und Nr. 24, Herz) werden untergraben durch Enttäuschungen in der Liebe (Nr. 12, Vögel, Nr. 24, Herz und Nr. 11, Rute) zu einer jungen und allseits beliebten Person (Nr. 13, Kind). Die Wiedervereinigung mit jemandem, den er sehr liebt (Nr. 25, Ring und Nr. 24, Herz) wird durch starken Widerstand (Nr. 21, Berg) erschwert, die Situation wird jedoch schließlich zu einem guten Abschluss kommen (die helle Seite der Nr. 6, Wolken, liegt neben Nr. 21, Berg). Er wird sich wehren müssen im Leben! (Nr. 10, Sense und Nr. 19, Turm)!

Karte 10 – Die Sense

Er wird sich wehren müssen (Nr. 10, Sense) gegen Krankheit (Nr. 19, Turm) und in Streitigkeiten (Nr. 11, Rute) und er wird sich infolgedessen einsam fühlen (Nr. 9, Blumenstrauß).

Karte 11 – Die Rute:

Der Fragesteller wird sich enttäuscht fühlen (Nr. 11, Rute und Nr. 12, Vögel) in Liebe und Freundschaft (Nr. 24, Herz und Nr. 9, Blumenstrauß), und dadurch wird er sich im Leben zur Wehr setzen müssen (Nr. 10, Sense und Nr. 19, Turm).

Karte 12 – Die Vögel:

Die Schwierigkeiten und Enttäuschungen in der Liebe (Nr. 12, Vögel und Nr. 24, Herz) zu einer jungen und beliebten Person (Nr. 13, Kind), die ihm eine Falle zu stellen versucht (Nr. 14, Fuchs), werden von kurzer Dauer sein. Er wird sich unerwartet auf die Reise zu einem Menschen begeben, den er sehr mag (Nr. 24, Herz). Die Schwierigkeiten im alltäglichen Leben werden nicht lange anhalten, sodass er bald wieder das Leben genießen wird (Nr. 12, Vögel, Nr. 11, Rute und Nr. 9, Blumenstrauß).

Karte 13 – Das Kind

Er wird enttäuscht werden (Nr. 12, Vögel) in der Liebe (Nr. 24, Herz) durch Menschen aus der eigenen Umgebung, die versuchen, ihn zu betrügen (Nr. 14, Fuchs) und, motiviert durch Eifersucht, versuchen ihn zu verraten (Nr. 7, Schlange). Eine starke Persönlichkeit (Nr. 15, Bär) wird ihm beistehen.

Karte 14 – Der Fuchs

Dem Fragesteller wird in seiner nächsten Umgebung eine Falle gestellt (Nr. 14, Fuchs) durch eine junge und beliebte Person (Nr. 13, Kind), die ihn in der Liebe enttäuscht (Nr. 12, Vögel und 24, Herz), doch eine starke, mütterliche Gestalt (Nr. 15, Bär) wird ihm Beistand leisten.

Karte 15 – Der Bär

Hilfe von einer starken Persönlichkeit (Nr. 15, Bär) gegen einen betrügerischen Charakter (Nr. 14, Fuchs und Nr. 13, Kind), die den Fragesteller aufgrund von Eifersucht (Nr. 7, Schlange) verraten will. Gute Nachricht aus dem Ausland (Nr. 27, Brief) von der starken Person, mit der er zusammentreffen wird (Nr. 20, Garten).

Karte 16 – Der Stern

Eine glückliche Ehe (Nr. 25, Ring, rechts neben der Personenkarte) und neue Vorhaben (Nr. 16, Stern) werden zu Hause sabotiert werden (Nr. 21, Berg und Nr. 4, Haus), was dem Fragesteller mitgeteilt werden wird (Nr. 1, Reiter).

Karte 17 – Der Storch

Ein Umzug wird verzögert und aufgeschoben. Der Zustand bleibt unverändert. Jedoch muss er sich gegen die kleinen Schmarotzer (Nr. 23, Mäuse) wehren (Nr. 22, Weg), womit gleichzeitig eine bestimmte Lebensphase (Nr. 36, Kreuz) zu Ende geht.

Karte 18 – Der Hund

Falsche Freunde profitieren von seinem Vermögen (Nr. 23, Mäuse und Nr. 31, Sonne), was den Fragesteller zwingt, eine Lösung zu finden (Nr. 22, Weg), damit er in finanziellen und sein Vermögen betreffenden Unternehmungen (Nr. 34, Fische und Nr. 33, Schlüssel) erfolgreich sein kann.

Karte 19 – Der Turm

Der Ratsuchende wird gewarnt (Nr. 10, Sense) vor Konflikten (Nr. 11, Rute) und Widerstand (Nr. 21, Berg) im alltäglichen Leben, die sein Glück untergraben und Schwierigkeiten verursachen (Nr. 6, Wolken).

Karte 20 – Der Garten

Der Fragesteller unterhält eine lange und treue Freundschaft (Nr. 20, Garten) zu einer hilfsbereiten, starken Persönlichkeit (Nr. 15, Bär), von der er Neuigkeiten erfährt (Nr. 27, Brief). Es handelt sich um eine treue Freundin, die durch häuslichen Kummer (Nr. 30, Lilien) verunsichert ist. Der Ratsuchende muss auf seine Gesundheit achten (Nr. 5, Baum). Sorgen werden sich auflösen (Nr. 2, Klee) durch Neuigkeiten (Nr. 27, Brief). Der Fragesteller fühlt sich nicht immer in seiner beruflichen Karriere entsprechend gewürdigt (Nr. 30, Lilien und Nr. 32, Mond).

Karte 21 – Der Berg

Widerstand (Nr. 21, Berg) in einem Haus, das weit entfernt liegt (Nr. 4, Haus und Nr. 3, Schiff). Der Fragesteller muss hier mit Misserfolgen in seinen Unternehmungen rechnen (Nr. 16, Stern). Er wird jedoch durch mächtige Freunde unterstützt und beschützt, mit denen ihn eine Freundschaft fürs Leben verbindet (Nr. 24, Herz und Nr. 25, Ring). (Nr. 21, Berg, liegt weit vom Fragesteller entfernt, und die helle Seite der Wolken ist dem Berg zugewandt, deshalb sind die Schwierigkeiten lösbar).

Karte 22 – Der Weg

Diese Karte warnt vor Diebstahl und Vermögensverlust (Nr. 23, Mäuse und Nr. 31, Sonne), verursacht durch falsche Freunde, die den Fragesteller übervorteilen (Nr. 18, Hund neben Nr. 23, Mäuse). Eine Dame (Nr. 29, Dame) kommt dem Fragesteller zu Hilfe; sie wartet treu auf ihn (Nr. 35, Anker).

Hier wird das Ende einer Periode angekündigt (Nr. 36, Kreuz), da der Ratsuchende seinen Wohnort wechselt (Nr. 17, Storch). Seine frühere Wohnung hat er mit jemandem geteilt, der ihn ausgenutzt (Nr. 23, Mäuse und Nr. 18, Hund) sowie sein Vermögen und sein häusliches Glück untergraben hat (Nr. 31, Sonne und Nr. 30, Lilien). All dies trägt dazu bei, dass er in seinem Leben an einen Wendepunkt gelangen wird, an dem er eine wichtige Entscheidung treffen muss (Nr. 22, Weg).

Karte 23 – Die Mäuse

Der Fragesteller bricht (Nr. 36, Kreuz) mit falschen Freunden und Schmarotzern (Nr. 18, Hund und Nr. 23, Mäuse), die sein Vermögen gefährlich »angenagt« haben (Nr. 31, Sonne). Diese Entscheidung eröffnet ihm neue Wege (Nr. 22, Weg).

Karte 24 – Das Herz

Der Fragesteller denkt daran, auf Reisen zu gehen (Nr. 12, Vögel), um eine Geliebte (Nr. 24, Herz) aufzusuchen. Doch muss er in dieser Hinsicht mit Schwierigkeiten und Widerstand (Nr. 11, Rute und Nr. 21, Berg) im alltäglichen Leben (Nr. 9, Blumenstrauß) rechnen. In seiner Umgebung gibt es Menschen, die nicht vertrauenswürdig sind und seinen Herzenswünschen im Wege stehen (Nr. 14, Fuchs und Nr. 13, Kind). Der Fragesteller wird Nachrichten von weither (Nr. 26, Buch) erhalten, von jemandem, der ihm sehr zugetan ist (Nr. 24, Herz).

Karte 25 – Der Ring

Liegt rechts vom Fragesteller, was eine glückliche Ehe (Nr. 24, Herz) und ein glückliches Leben (Nr. 9, Blumenstrauß) anzeigt. Er wird eine Nachricht aus der Ferne erhalten (Nr. 1, Reiter), die eine glückliche Wiedervereinigung ankündigt (Nr. 26, Buch und Nr. 25, Ring). Telefonische Nachricht ist zu erwarten (Nr. 1, Reiter), die aus einem weit vom Fragesteller entfernten Haus stammt (Nr. 4, Haus und Nr. 3, Schiff), über neue Unternehmungen (Nr. 16, Sterne) zusammen mit einem Geschäftspartner (Nr. 16, Stern und Nr. 25, Ring).

In Alltagsangelegenheiten ist mit Widerstand zu rechnen (Nr. 21, Berg und Nr. 9, Blumenstrauß), was man jedoch nicht zu ernst nehmen sollte (die helle Seite der Wolken liegt neben dem Berg).

Karte 26 – Das Buch

Jemand versucht, dem Fragesteller in der Liebe eine Falle zu stellen oder aber seine Liebe vor dem Fragesteller geheim zu halten (Nr. 14, Fuchs, Nr. 24, Herz und Nr. 25, Ring).

Der Fragesteller wird sich mit einem Partner an neue Vorhaben wagen (Nr. 16, Stern und Nr. 25, Ring). Dies wird durch eine Nachricht aus der Ferne signalisiert (Nr. 1, Reiter), wodurch sich seine Sorgen auflösen werden (Nr. 2, Klee). Die gute Nachricht aus der Ferne stammt von einer mütterlichen, starken Person (Nr. 27, Brief und Nr. 15, Bär).

Karte 27 – Der Brief

Jemand in der Umgebung hält etwas vor dem Fragesteller verborgen (Nr. 14, Fuchs, und Nr. 26, Buch). Er wird eine gute Nachricht von weither erhalten, die möglicherweise telefonisch übermittelt wird (Nr. 27, Brief, Nr. 26, Buch und Nr. 1, Reiter). Sie stammt von einer starken Persönlichkeit (Nr. 15, Bär), die ihm seine Sorgen nehmen (Nr. 2, Klee) und seine Position in einer schönen Umgebung verstärken wird, wo er neue Freunde finden und günstige Beziehungen aufnehmen kann (Nr. 5, Baum und Nr. 20, Garten).

Karte 28 – Der Herr

Diese Karte repräsentiert den Fragesteller selbst. Er muss sich vor dem Verlust großer Geldsummen im Geschäftsleben hüten, weil eine verräterische und eifersüchtige Person ihm sein Glück in der Liebe und im Beruf neidet (Nr. 8, Sarg, Nr. 35, Anker, Nr. 7, Schlange und Nr. 15, Bär).

Eine mütterliche und beschützende Frau (Nr. 15, Bär und Nr. 29, Dame) wird ihm eine briefliche oder mündliche Mitteilung zukommen lassen (Nr. 27, Brief), die ihn glücklich machen und ihm die Gelegenheit zu neuen Freundschaften eröffnen wird (Nr. 20, Garten und Nr. 30, Lilien). Diese Dame wird Kummer in ihrem Privatleben (Nr. 30, Lilien) haben und sich in Liebesangelegenheiten unsicher fühlen (Nr. 30, Lilien und Nr. 35, Anker).

Eine liebevolle und treue Freundschaft scheint zu Ende zu gehen (Nr. 8, Sarg, Nr. 35, Anker, Nr. 29, Dame und Nr. 30,

Lilien, die unterhalb der Personenkarte liegen). Der Kontakt wird jedoch in der Zukunft wieder aufleben (Nr. 27, Brief und Nr. 24, Herz).

Karte 29 – Die Dame

Liegt neben der Personenkarte und spielt folglich eine große Rolle im Leben des Fragestellers. Sie hat Kummer mit ihrem wankelmütigen Herzensfreund (Nr. 30, Lilien, liegt unterhalb, und Nr. 35, Anker), und er wird sich bemühen müssen, wenn er sie wieder für sich gewinnen will (Nr. 35, Anker, Nr. 8, Sarg und Nr. 20, Garten). Sie hat unter der Situation gelitten (Nr. 36, Kreuz) und versucht, neue Wege einzuschlagen (Nr. 22, Weg), in der Hoffnung auf einen neuen, glückbringenden Anfang (Nr. 31, Sonne und Nr. 33, Schlüssel).

Karte 30 – Die Lilien

Liegen unterhalb der Personenkarte (Nr. 29, Dame), was auf eine unsichere und sorgenvolle Frau hindeutet, die in einer schwierigen privaten Situation lebt (Nr. 30, Lilien). Die Dame wird sich auf den Weg zu dem Herrn machen (Nr. 22, Weg), was zu einem sonnigen und optimistischen Neuanfang führen könnte (Nr. 31, Sonne und Nr. 33, Schlüssel), der fruchtbare neue Vorhaben (Nr. 33, Schlüssel, und Nr. 32, Mond) in einer freundlichen Umgebung initiieren wird, die mit dem Gesundheitswesen in Zusammenhang stehen (Nr. 20, Garten und Nr. 5, Baum).

Karte 31 – Die Sonne

Das Glück des Fragestellers ist durch falsche Freunde untergraben worden, die sich seinen Reichtum und seine gewinnbringenden Aktivitäten (Nr. 31, Sonne, Nr. 18, Hund, Nr. 23, Mäuse und Nr. 34, Fische) zunutze gemacht haben.

Dadurch sind bestimmte Pläne bezüglich seiner beruflichen Karriere fehlgeschlagen und/oder sabotiert worden (Nr. 33, Schlüssel und Nr. 32, Mond). Neue Wege eröffnen sich möglicherweise durch eine Dame (Nr. 22, Weg und Nr. 29, Dame), die ihm neue Hoffnung auf ein glückliches Leben geben könnte (Nr. 30, Lilien).

Karte 32 – Der Mond

Beruflich ist er im Gesundheitswesen tätig (Nr. 32, Mond, und Nr. 5, Baum), und zwar an einem Ort, wo viele Menschen zusammenkommen (Nr. 20, Garten). Dort wird er förderliche neue Beziehungen aufnehmen können (Nr. 20, Garten und Nr. 30, Lilien).

Seine Erwartungen und Pläne haben Aussicht auf Gelingen, und er wird einen erfolgreichen Neuanfang wagen können (Nr. 33, Schlüssel und Nr. 31, Sonne).

Karte 33 – Der Schlüssel

Erfolg bei neuen Vorhaben (Nr. 31, Sonne, Nr. 30, Lilien und Nr. 32, Mond). Freunde werden ihm bei seinen erfolgbringenden Unternehmungen helfen (Nr. 18, Hund und Nr. 34, Fische).

Karte 34 – Die Fische

Liegen weit vom Herrn entfernt, was bedeutet, dass er Schwierigkeiten hat, seine neuen Vorhaben ins Rollen zu bringen. Doch werden Freunde (Nr. 18, Hund) dem Fragesteller helfen, seine Pläne und Unternehmungen erfolgreich zu realisieren (Nr. 33, Schlüssel und Nr. 31, Sonne).

Karte 35 – Der Anker

Erfolgreiche Geschäftsunternehmungen und glückliche Liebesbeziehungen können ihrem Ende entgegengehen (Nr. 35, Anker und Nr. 8, Sarg). Der Fragesteller sollte auf eine Dame achten, die Kummer hat und in ihrem Leben vor einem Wendepunkt steht (Nr. 36, Kreuz und Nr. 22, Weg), da sie ihm auf seinem Lebensweg (Nr. 22, Weg) weiterhelfen kann.

Karte 36 – Das Kreuz

Der Fragesteller hat den Wohnort gewechselt (Nr. 17, Storch). Damit ist eine Periode zu Ende gegangen, in der er bestohlen wurde (Nr. 36, Kreuz und Nr. 23, Mäuse). Auch hat er seit einiger Zeit keinen Kontakt zu einer treuen Dame gehabt (Nr. 36, Kreuz, Nr. 22, Weg und Nr. 29, Dame)

b) Die »Weit entfernt – nahebei«-Methode in Vergangenheit, Gegenwart und Zukunft

Anhand dieser Methode können wir uns ein klares und umfassendes Bild von der Lebenssituation der/des Ratsuchenden machen. Dazu müssen wir allerdings die Bedeutung der einzelnen Karten gut kennen. Lesen Sie deshalb die Interpretationen zu allen 36 Karten noch einmal aufmerksam durch. In diesem System werden die Positionen der einzelnen Karten in Verbindung mit der Personenkarte und der Karte Nr. 6 (Wolken) gedeutet. Wir gehen wie folgt vor:

1. Wir mischen und legen alle 36 Karten in vier Reihen zu je acht sowie einer Reihe zu vier Karten aus (siehe Beispiel).
2. Zuerst suchen wir die Personenkarte. Bei einem Mann ist das die Karte Nr. 28 (Herr), bei einer Frau die Karte Nr. 29 (Dame), und bei einem Kind die Karte Nr. 13 (Kind). Bei der Deutung ist unser Ausgangspunkt immer die PK.
3. Von dieser Karte ausgehend zeichnen wir nun ein Kreuz: nach oben, nach unten und links und rechts. Alle Karten über und unter der PK, die auf diesem Kreuz liegen, repräsentieren die Gegenwart. Die Karten auf dem Kreuz links von der PK geben Auskunft über die Vergangenheit, die Karten rechts von der PK repräsentieren die Zukunft. Alle Karten auf dem Kreuz sind zentral für die Deutung und haben Vorrang vor den übrigen Karten. Wir inter-

pretieren ihre Bedeutung deshalb besonders aufmerksam und berücksichtigen auch ihren gegenseitigen Einfluss.

4. Die Karte Nr. 6 (Wolken) ist bei der Deutung nach dieser Methode besonders wichtig. Liegt sie auf dem Kreuz, so müssen wir in unserem Leben mit großen Schwierigkeiten rechnen. Auch die Karten links und rechts von den Wolken sind wichtig. In der rechten Ecke dieser Karte sehen wir Felsen unter dunklen Gewitterwolken. Die Karte, die unmittelbar rechts neben den Wolken liegt, wird von diesen sehr negativ beeinflusst. Die linke Seite der Wolken übt einen günstigeren Einfluss auf die Karte an dieser Seite aus. Bei der Karte Nr. 6 müssen wir ganz besonders wachsam sein und die umliegenden Karten ganz genau untersuchen. Doch auch etwas weiter entfernt liegende Karten müssen wir im Auge behalten. Liegt die Karte Nr. 19 (Turm) in der Nähe der Wolken, dann müssen wir uns vor einer plötzlichen Erkrankung hüten. Liegt die Karte Nr. 6 nicht auf dem Kreuz, so ist ihr Einfluss weniger gefährlich.
5. Um ein vollständiges Bild zu erhalten, untersuchen wir zuerst die Bedeutung jeder einzelnen Karte sowie die Position, die sie im Schema einnimmt. Wir lesen alle 36 Karten nacheinander, sodass wir auch ihre Beziehungen untereinander erkennen können. Damit ist die Untersuchung nach der Methode »Weit entfernt–nahebei« abgeschlossen, und die/der Ratsuchende kann sich nun ein klares Bild über ihr/sein Leben in Vergangenheit, Gegenwart und Zukunft machen.

Beispiel für die »Weit entfernt – nahebei«-Methode in Vergangenheit, Gegenwart und Zukunft

20 Garten	13 Kind	23 Mäuse	4 Haus	3 Schiff	10 Sense	5 Baum	15 Bär
17 Storch	26 Buch	**29** Dame	27 Brief	30 Lilien	25 Ring	35 Anker	34 Fische
19 Turm	33 Schlüssel	11 Rute	1 Reiter	31 Sonne	12 Vögel	7 Schlange	8 Sarg
16 Stern	14 Fuchs	21 Berg	24 Herz	**6** Wolken	9 Strauß	36 Kreuz	2 Klee
		22 Weg	**28** Herr	32 Mond	18 Hund		

Deutung für eine Frau

Wir suchen die Personenkarte der Fragestellerin auf und ziehen von dort aus ein Kreuz in die Vergangenheit, Gegenwart und Zukunft. Zunächst deuten wir die Karten der Vergangenheit.

Vergangenheit

Karte 17 – Der Storch

Im Leben (Nr. 19, Turm) der Fragestellerin ist es in der Vergangenheit zu großen Veränderungen gekommen, da sie anlässlich einer Zusammenkunft, beispielsweise auf einem Fest (Nr. 20, Garten), Menschen getroffen hat, die ihr sehr positiv gegenüberstehen.

Karte 26 – Das Buch

Sie hat Beziehungen aufgenommen, die ihre geheimen Herzenswünsche (Nr. 26, Buch und Nr. 13, Kind) in Erfüllung gehen lassen und ihr helfen könnten, bestimmte Pläne zu realisieren, die sie schon länger mit sich herumträgt (Nr. 33, Schlüssel). Die Herzenswünsche stehen mit Unternehmungen aus der Vergangenheit in Zusammenhang (Nr. 16, Stern), bei denen sie von einem Menschen ihrer Umgebung betrogen worden ist (Nr. 14, Fuchs).

Gegenwart

Karte 23 – Die Mäuse

Hier ist etwas gestohlen worden, das mit bestimmten Herzenswünschen oder einem Kind in Zusammenhang steht (Nr. 13, Kind). Man wird es der Ratsuchenden jedoch in Kürze zu Hause zurückgeben (Nr. 4, das Haus, liegt in der nahen Zukunft).

Geheime Dokumente, die wichtige Nachrichten enthalten

(Nr. 26, Buch und Nr. 27, Brief) und die ihre berufliche Karriere und ihr zukünftiges Glück betreffen (Nr. 30, Lilien), sind gestohlen worden. Die Nachricht über diese Dokumente wird ihr per Telefon übermittelt oder mit der Post zugestellt werden (Nr. 1, Reiter), und zwar in naher Zukunft.

Karte 11 – Die Rute

Die Nachrichten, die sie in Kürze erreichen werden, stehen in Zusammenhang mit etwas in der Vergangenheit Neubegonnenem (Nr. 33, Schlüssel), und dies wird einigen Aufruhr verursachen (Nr. 11, Rute).

Karte 21 – Der Berg

Es wird zu Streit (Nr. 11, Rute) mit jemandem kommen, der sich ihr heftig widersetzt (Nr. 21, Berg).

Karte 22 – Der Weg

Sie steht vor einem Wendepunkt in ihrem Leben und muss daher sehr vorsichtig mit ihrer Entscheidung sein (Nr. 22, Weg und Nr. 21, Berg). Dabei spielt ihr Partner eine große Rolle (Nr. 28, Herr und Nr. 24, Herz). Er ist dagegen, dass sie die fragliche Arbeit übernimmt (Nr. 32, Mond und Nr. 6, Wolken).

Wie wir sehen, müssen wir uns Informationen über die nahe Zukunft verschaffen, um bestimmte Vorgänge der Gegenwart erklären zu können. Hier zeigt sich, wie wichtig es ist, auf die Beziehungen der Karten zueinander zu achten.

Zukunft

Karte 27 – Der Brief

Die Fragestellerin wird zu Hause gute Nachrichten empfangen (Nr. 27, Brief, Nr. 4, Haus, Nr. 1, Reiter), die mit beruflichem Erfolg in Zusammenhang stehen (Nr. 30, Lilien und Nr. 32, Mond). Ihr Partner wird diesen Neuigkeiten mit gemischten Gefühlen gegenüberstehen (Nr. 24, Herz, Nr. 28, Herr, Nr. 6, Wolken und Nr. 32, Mond).

Karte 30 – Die Lilien

Die Nachricht kommt von weither (Nr. 27, Brief und Nr. 3, Schiff) und bezieht sich auf beruflichen Erfolg und Herzenswünsche (Nr. 30, Lilien), die ihr zu Glück, Reichtum und Optimismus verhelfen werden (Nr. 31, Sonne).

Karte 25 – Der Ring

Es wird zu Schwierigkeiten (Nr. 12, Vögel) in ihrer Ehe (Nr. 25, Ring) kommen. Sie muss vorsichtig sein, damit es nicht zu einem Bruch oder zu einer Scheidung kommt (Nr. 10, Sense).

Karte 35 – Der Anker

Im Bereich des Handels und/oder Gewerbes wird die Fragestellerin Glück haben, jedoch wird dies gleichzeitig zu Unsicherheit wegen der Eifersucht ihres Partners führen (Nr. 35, Anker und Nr. 7, Schlange), wodurch ihr Selbstvertrauen und ihre Gesundheit untergraben werden (Nr. 35, Anker und Nr. 5, Baum).

Karte 34 – Die Fische

Die Zukunftspläne der Fragestellerin, die um Wohlstand und Erfolg kreisen, werden durch Schwierigkeiten mit einer neidischen Person (Nr. 7, Schlange und Nr. 15, Bär) getrübt. Sie wird jedoch Hilfe von einer starken, mütterlichen Persönlichkeit erhalten (Nr. 5, Baum und Nr. 15, Bär). Eine kummervolle und enttäuschende Situation mit dem Liebespartner (Nr. 2, Klee, Nr. 36, Kreuz, Nr. 9, Blumenstrauß, Nr. 6, Wolken, Nr. 24, Herz und Nr. 28, Herr) wird zu Ende gehen (Nr. 8, Sarg), wodurch eine bestimmte Periode in ihrem Leben, die sie mit einem eifersüchtigen und verräterischen Menschen verbracht hat, zum Abschluss kommen wird (Nr. 7, Schlange, Nr. 36, Kreuz).

Wir suchen nun die Karte Nr. 6 (Wolken) auf und stellen fest, dass sie in der Nähe des Herrn (Nr. 28) liegt. Die Karten, die die Dame, den Herrn und die Wolken verbinden, sind, von der Dame ausgehend: Der Brief: Neuigkeiten; Die Lilien: Beförderung; Die Sonne: Das Glück; Die Wolken: Hindernisse; Der Mond: die Karriere; Der Herr: der Liebespartner (das Herz liegt oberhalb des Herrn); Der Weg: die Wahl; Der Berg: Widerstand; und Die Rute: Streit. Auffällig ist auch, dass die Karte der Romanze, das Herz, zwischen den Wolken (Schwierigkeiten) und dem Berg (Widerstand) liegt. Ein haushohes Problem türmt sich zwischen den Liebespartnern auf.

Zusammenfassung

Man wird der Fragestellerin in ihrem Beruf ein attraktives finanzielles Angebot unterbreiten, wodurch sie vor die Wahl zwischen ihrem Liebespartner und ihrer Karriere gestellt wird. Man muss ihr klar machen, dass sie in Zukunft vermutlich viel Geld verdienen kann, worunter aber ihre Ehe leiden wird, und dass es zu einem Bruch zwischen ihr und ihrem Partner kommen könnte. Sie hat die Wahl ...

– Neun –

Über die Autorin

Erna Droesbeke von Enge wurde am 16. Januar 1952 in Antwerpen geboren. Ihre Mutter war Niederländerin und ihr Vater Flame. Schon in früher Kindheit verschlang sie alles, was in der Ferne nach Literatur roch. Mit drei Jahren begann sie zu malen; schon da fiel die Qualität ihrer Zeichnungen auf. Mit 5 Jahren machte sie mit Hilfe von Spielkarten bereits Vorhersagen. Mit 8 Jahren illustrierte sie Geschichten und schrieb kleine Zeitschriften. Zehnjährig begann sie in Öl zu malen und gestaltete ihr erstes Orakelspiel, im Alter von 14 schrieb sie Gedichte.

Eine sorglose Jugend hatte Erna Droesbeke nicht, da sie oft krank war. Dies bot ihr jedoch die Gelegenheit, viel zu lesen und zu zeichnen. Noch zu jung, um selbst Bücher zu lesen, hatte ihre Mutter ein Spielchen für sie erdacht. Sie bekam ein Päckchen Spielkarten: »Spiel mal damit«, meinte ihre Mutter. Die Figuren der Hofkarten wurden für Ernas Sinne lebendig und flüsterten ihr Botschaften zu – Botschaften mit Warnungen für die Menschen in ihrer unmittelbaren Umgebung. Ihre Mutter war sehr überrascht über die Hellsichtigkeit, die sie aus ihrem Kartenspiel zauberte.

Ernas Vater hatte hellsichtige Träume, jedoch hat er das nie öffentlich kundgetan, aus Angst, von seiner Umgebung nicht ernst genommen zu werden. Seine Mutter hatte bereits als junge Krankenpflegerin mit Kräutern gearbeitet, Träume erklärt und für ihre Freundinnen Karten gelegt. Also hat Erna diese Begabung sichtlich von ihrer Großmutter geerbt. Viele übersinnlich begabte Menschen entstammen ja einer Familie mit diesen Fähigkeiten.

Erna deutet auch Träume und hat bereits ein Traumbuch geschrieben.

Sie absolvierte eine Ausbildung als Designerin für angewandte Künste und entwarf Gobelins, farbige, kunstvoll gestaltete Bleiglasfenster sowie Mosaiken. Des Weiteren studierte sie Schauspielkunst an der Königlichen Akademie für schöne Künste in Antwerpen und an der städtischen Musikakademie in St. Niklaas. Die Malkunst, Musik, Dichtkunst und Literatur sind für sie »das Wichtigste im Leben«.

Als Mitarbeiterin in einem esoterischen Buchladen »Der Alchimist« und dem Verlag »Parsifal« kam sie wieder mit der übersinnlichen und alternativen Welt in Kontakt. So kehrte Erna Droesbeke wieder zu ihren aus der Jugend stammenden Fähigkeiten zurück: das Kartenlegen, die Vorhersage, die Astrologie, das Zeichnen und Schreiben sowie der Kenntnisse um die Kraft der Kräuter in Form von Aromatherapie.

Sie organisierte Vorträge sowie Kurse und publizierte ihre eigene Zeitschrift, schrieb Bücher und entwarf Tarotkarten,

Vorhersagekarten und Buchumschläge für den Verlag »Parsifal«.

1985 erschien ihr erstes Buch und Tarotspiel »Tarot der Isis«. Die 36 Tarotkarten hat sie selbst entworfen und gemalt. Die Idee und die Symbolik der Aquarelle wurden ihr in Trance »durchgegeben«.

Sie wusste nicht, dass ihre esoterische Wiege im alten Ägypten lag. Erst nach der Publikation ihres Buches fuhr sie in das Land am Nil, wo sie sich ihres vergangenen Lebens in den Tempeln von Karnak und Dendera erinnerte. Da erst verstand sie, weshalb die Göttin Isis für sie so bedeutend war.

Mit ihrer Hellsichtigkeit und Kunst versuchte Erna einen Zusammenhang zwischen der Weisheit von damals und den heutigen psychologischen und esoterischen Einsichten deutlich zu machen. Heutzutage wird ihr Tarotspiel wegen seiner Farbensymbolik von vielen Psychologen genutzt.

1987 erschien »Kartenlegen nach Mademoiselle Lenormand«, ein Buch über die Lenormandkarten, geschrieben und gewidmet dieser französischen Dame und weltberühmten Hellseherin aus der Zeit Napoleon Bonapartes. Ihm und seiner Frau Joséphine de Beauharnais hatte Mlle Lenormand die Zukunft vorausgesagt.

Etwa ein halbes Jahrhundert nach ihrem Tod wurden Spielkarten verlegt wie »Grand Jeu de Mlle Lenormand« mit einem Päckchen von 36 Lenormandkarten, inspiriert und angelehnt an die mündliche Überlieferung von Mlle Lenormand und die französische Tradition des Kartenlegens.

Bislang hatte es noch in keiner Sprache eine klare und vollständig Darstellung über die Symbolik und Methodik der 36 Lenormandkarten gegeben, bis Erna Droesbeke von Enge auf die Idee kam, darüber ein Buch zu schreiben. Sie begab sich nach jeweiliger Literatur und Informationen über Mlle Lenormand auf die Suche, doch fand sie keine Erklärungen über die 36 Lenormandkarten, weil Mlle Lenormand nie ihre Kenntnisse über die Vorhersage mit Karten niedergeschrieben hatte. Doch die Voraussagen für das französische und niederländische Königshaus sind erhalten.

Es war bekannt, dass Mlle Lenormand unter anderem mit Tarot, Astrologie und Blumen arbeitete.

In ihrem Buch arbeitete Erna die symbolische Bedeutung der Lenormandkarten aus und entwickelte Methoden, um Vorhersagen mit Lenormandkarten zu treffen. Vorerst erschien ein Buch hierüber in dem esoterischen Verlag »Parsifal« in Belgien und Holland, das gleich ein internationaler Bestseller wurde. Erna Droesbeke von Enge war die erste Schriftstellerin, die die Symbolik der Lenormandkarten völlig erklärte und eine Methode entwarf, um mit diesen Karten zu arbeiten.

Im Urania Verlag erschien in 1989 ihr Buch über Lenormandkarten in französischer, englischer und deutscher Sprache. Später erschienen in niederländischer, französischer, englischer und deutscher Sprache Bücher von ihr mit den von ihr selbst entworfenen Lenormandkarten im »Neuen Lenormand Orakel«, »Klassisches Kartenlegen in französcher Tradition«, die »Neo Classic Karten« das »Blumen Orakel« mit Zeichnungen des französischen Künstlers Grandville, »Vorhersage mit Spielkarten und Wahrsagerkarten«, das Buch über »Grand Jeu de Mlle Lenormand« und vor allem »Frage und Antwort mit Lenormandkarten« ein ausführliches Arbeitsbuch über zahlreiche Methoden im Frage-und-Antwort-Verfahren.

In ihrer Jugend entdeckte Erna Droesbeke von Enge, dass sie Gegenstände riechen konnte, die nicht physisch vorhanden waren. Sie spürte auch, welche Bedeutung die Gerüche für die Psyche haben, und so entstanden 1989 zwei Bücher über Aromatherapie: »Heilende Gerüche« für die Gesundheit des Körpers und Geistes und »Arbeiten mit ätherischen Ölen«.

Erna Droesbeke von Enge war Pionierin im niederländischen Sprachraum im Bereich der Aromatherapien und der Arbeit mit ätherischen Öle.

Später wurden diese zwei Bücher zusammengefasst zu einem Buch mit dem Titel »Arbeiten mit Aromatherapie«. In »Arbeiten mit Weihrauch« beschreibt sie die unterschiedliche Wirkung der Weihraucharten auf den Menschen und seine Umgebeung; dieses Buch ist auch in Deutsch erhältlich.

Erna Droesbekes hellsichtige Kräfte und prophezeiende Träume übermitteln ihr Nachrichten aus dem »Jenseits«;

sie lässt sich leiten und führen von der Weisheit des Buddhismus, der Alchemie, der Astrologie, des Tarots, der Kabbala, von Karma und Reinkarnation, so auch von wichtigen Persönlichkeiten wie Nostradamus, Edgar Cayce und Fulcanelli.

Heute hat Erna Droesbeke von Enge eine gutgehende Praxis. Sie bietet Beratungen mit dem psychischen Tarot und Lenormandkarten an sowie astrologische Deutungen und das Vorhersagen mit dem Blumenorakel. Sie gibt in Belgien und den Niederlanden auch Kurse zum »Tarot der Isis« sowie zu den Rider-Waite- und Lenormandkarten. Sie erstellt Horoskope und schreibt Artikel darüber in mehreren belgischen Zeitschriften wie *Flair* (Niederländisch und Französisch), *TVGids/Primo, Goed Gevoel, Mijn geheim* und *Nina.*

Jeder, der sich für die Kunst des Kartenlegens interessiert, sollte sich eingehend mit dem Wissen und den Wahrsagemethoden von Mlle Lenormand auseinandersetzen.

Erna Droesbeke wünscht allen Lesern dieses Buches, dass sie durch Studium und Gebrauch der 36 Karten von Mlle Lenormand zu tieferen Einsichten gelangen mögen!

Mlle Lenormand
bei Königsfurt-Urania

Mlle Lenormand
Wahrsagekarten
»Blaue Eule« (Symbole)
36 Karten mit Anleitung
(Karten 5,7 x 8,9cm)
ISBN: 978-3-905017-03-8

Mlle Lenormand
Wahrsagekarten
»Rote Eule« (Texte)
36 Karten mit Anleitung
(Karten 5,7 x 8,9cm)
ISBN: 978-3-905021-47-9

Regula Elizabeth Fiechter
Urban Trösch
MYSTISCHES LENORMAND
Set (Buch und Karten 5,7 x 8,9 cm)
ISBN 13: 978-3-03819-040-0
Pocketversion (36 Karten 5,7 x 8,9 cm)
ISBN: 978-3-03819-041-7

ASS
Mlle Lenormand
Wahrsagekarten
36 Blatt (Format 6 x 9 cm) **mit Texten und Spielanleitung**
ISBN: 978-3-03819-119-3

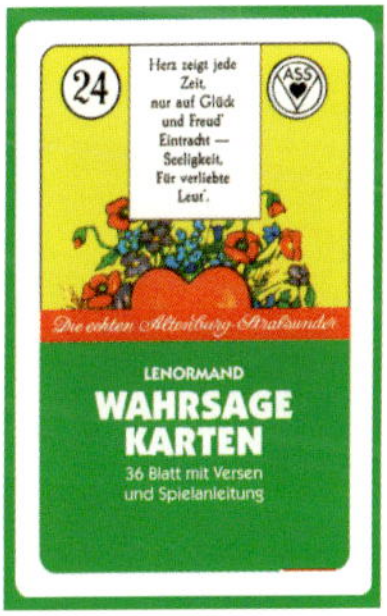

ASS
Mlle Lenormand
Wahrsagekarten
36 Blatt (Format 6 x 9 cm) **mit Bildern und Spielanleitung**
ISBN: 978-3-03819-120-9

Carta Mundi
Mlle Lenormand
Wahrsagekarten
36 Blatt (Format 6 x 9 cm)
mit Texten und Symbolen sowie Spielanleitung
ISBN: 978-3-03819-122-3

... Ganz einfach – Der schnelle und einfache Einstieg ins Kartenlegen

Hochwertige Sets mit Original-Karten und Anleitungsbüchern von namhaften Autoren zum Einsteigerpreis

Regula E. Fiechter
Kipper Wahrsagekarten
Original Kipper-Karten
und Anleitungsbuch
ISBN: 978-3-03819-118-6

Regula E. Fiechter
Lenormand ganz einfach
Original Lenormand-Karten »Blaue Eule«
und Anleitungsbuch
ISBN: 978-3-03819-171-1

Regula E. Fiechter
Kartenlegen ganz einfach mit Spielkarten
Original Piquet-Karten
und Anleitungsbuch
ISBN: 978-3-03819-170-4

Gerd B. Ziegler
Crowley ganz einfach
Original Aleister Crowley® Thoth Tarot und farbiges Anleitungsbuch
ISBN: 978-3-03819-090-5

Lilo Schwarz
Rider Waite® ganz einfach
Original Rider Waite® Tarot
und farbiges Anleitungsbuch
ISBN: 978-3-03819-066-0

Hajo Banzhaf
Universal Waite ganz einfach
Original Universal Waite Tarot
und farbiges Anleitungsbuch
ISBN: 978-3-03819-310-4